I0062940

CÓMO AHORRAR Y ARMAR UN FONDO DE EMERGENCIAS A PRUEBA DE BALAS

Cómo estar Preparando para Cualquier Gasto Imprevisto y Obtener la Verdadera Libertad Financiera

PHILIP J. SAUNDERS

© **Copyright 2024 – Ferris Becker - Todos los derechos reservados.**

Este documento está orientado a proporcionar información exacta y confiable con respecto al tema tratado. La publicación se vende con la idea de que el editor no tiene la obligación de prestar servicios oficialmente autorizados o de otro modo calificados. Si es necesario un consejo legal o profesional, se debe consultar con un individuo practicado en la profesión.

- Tomado de una Declaración de Principios que fue aceptada y aprobada por unanimidad por un Comité del Colegio de Abogados de Estados Unidos y un Comité de Editores y Asociaciones.

De ninguna manera es legal reproducir, duplicar o transmitir cualquier parte de este documento en forma electrónica o impresa.

La grabación de esta publicación está estrictamente prohibida y no se permite el almacenamiento de este documento a menos que cuente con el permiso por escrito del editor. Todos los derechos reservados.

La información provista en este documento es considerada veraz y coherente, en el sentido de que cualquier responsabilidad, en términos de falta de atención o de otro tipo, por el uso o abuso de cualquier política, proceso o dirección contenida en el mismo, es responsabilidad absoluta y exclusiva del lector receptor. Bajo ninguna circunstancia se responsabilizará legalmente al editor por cualquier reparación, daño o pérdida monetaria como consecuencia de la información contenida en este documento, ya sea directa o indirectamente.

Los autores respectivos poseen todos los derechos de autor que no pertenecen al editor.

La información contenida en este documento se ofrece únicamente con fines informativos, y es universal como tal. La presentación de la información se realiza sin contrato y sin ningún tipo de garantía endosada.

El uso de marcas comerciales en este documento carece de consentimiento, y la publicación de la marca comercial no tiene ni el permiso ni el respaldo del propietario de la misma.

Todas las marcas comerciales dentro de este libro se usan solo para fines de aclaración y pertenecen a sus propietarios, quienes no están relacionados con este documento.

Índice

Introducción

Un fondo de emergencia es una herramienta esencial para cualquiera que intente mantener el control de sus finanzas domésticas. Una emergencia financiera puede ser devastadora para la capacidad de una familia de hacer frente a sus obligaciones mensuales, como el alquiler o la hipoteca, los servicios públicos y la alimentación. Sin un colchón financiero, un suceso como la pérdida del empleo, un accidente de coche o una lesión personal puede ser catastrófico desde el punto de vista económico. De hecho, sin un fondo de emergencia financiera, incluso los acontecimientos más felices, como una boda o la llegada de un bebé, pueden arruinar las finanzas de una familia y llevarla casi a la quiebra.

Crear un fondo de emergencia financiera es crucial para su bienestar financiero general, sobre todo si tiene una familia que mantener. Un fondo de emergencia financiera también ayudará a su salud mental y física y a su bienestar.

El estrés financiero es una de las principales causas de insomnio, problemas cardíacos y otras complicaciones físicas. También puede destrozar una familia, ya que los estudios han demostrado que discutir por dinero es una de las principales causas de divorcio.

Este informe está dedicado a ayudarle a navegar por las a veces turbias aguas de la planificación financiera para ayudarle a usted y a su familia a alcanzar una mayor libertad financiera. Define qué es un fondo de emergencia financiera, cómo planificar las emergencias y cómo ahorrar para ellas. También aborda las actitudes hacia el dinero que pueden impedir ahorrar con éxito, cómo pagar las deudas y empezar a ahorrar, y los mejores lugares para guardar su dinero.

Si vives de cheque en cheque, el informe te ofrece formas de estirar más tu dinero, y cómo ganar aún más dinero para ayudarte a empezar a ahorrar en un fondo de emergencia.

Si estás desesperado por salir de deudas, alcanzar la libertad financiera o empezar a ahorrar para los objetivos futuros de tu familia, como la universidad y la jubilación, esta guía te ayudará a empezar hoy mismo.

Retos Y Soluciones Del Fondo De Emergencia Financiera

EL SUEÑO americano de los últimos 60 o 70 años, desde la Gran Depresión, ha sido que el dinero puede comprarlo todo, incluida la felicidad. Comprar artículos de marca se ha convertido en una forma de ser considerado exitoso, la persona que lo tiene todo.

Ya sea un Ford o un Rolls Royce, al fin y al cabo no es más que un medio de transporte diseñado para llevar a una persona de A a B. Caminar o ir en bicicleta o en transporte público a menudo sirven igual de bien, y cuestan mucho menos.

Ahorrar dinero no ha sido una prioridad para mucha gente durante mucho tiempo. Nos hemos convertido en una cultura de gente que gasta todo su sueldo antes incluso de ingresarlo en el banco.

En muchos casos estamos sobreendeudados con compañías de tarjetas de crédito que cobran intereses exorbitantes.

Muchas personas luchan por pagar las facturas cada mes, a pesar de que la mayoría de ellas ganan más que el Producto Nacional Bruto de muchos países del tercer mundo.

Si tiene dificultades cada mes para hacer frente a sus gastos, su pregunta obvia es: ¿Cómo demonios va a poder ahorrar dinero para un fondo de emergencia para su hogar que cubra gastos imprevistos?

La verdad es que son precisamente este tipo de situaciones y este estilo de vida los que hacen imprescindible una red de seguridad financiera ¿Qué pasaría si usted o alguien de su familia perdiera el trabajo? ¿O tuviera una urgencia médica para sí mismo o para una mascota querida? ¿De dónde saldría el dinero para pagar el alquiler, la comida y la electricidad? ¿O las franquicias del médico y el hospital y las facturas del veterinario?

Quizá pienses que la respuesta son las tarjetas de crédito. Es un fondo de emergencia financiera habitual para mucha gente, pero en realidad sólo empeora la situación. Si no pagas la factura a final de mes, los intereses empiezan a subir. Si sólo paga el mínimo cada mes, tendrá que pagar las tarjetas de crédito durante el resto de su vida.

Ahora veremos los mayores retos a los que se enfrentan muchas personas cuando intentan crear un fondo de emergencia financiera.

Entre ellos se incluyen:

*Deudas existentes

* Un presupuesto ajustado

* Malos hábitos de gasto y ahorro

* No saber cómo empezar

DEUDA EXISTENTE

Las estadísticas nos dicen que la deuda media de las tarjetas de crédito en Estados Unidos es ahora de más de 8600 dólares por hogar en el momento en que estamos escribiendo este informe, finales de febrero de 2011. Esta es la media. Algunas personas no deben nada; sin embargo, muchas personas deben mucho más que eso.

La deuda se ha convertido en una realidad para muchos. La reciente crisis financiera que se ha sentido en todo el mundo ha hecho que muchos se den cuenta de que la deuda les está costando más de lo que pueden imaginar. Está hipotecando todo su futuro.

Por ejemplo, muchos empresarios comprueban los antecedentes de sus futuros empleados.

Si descubren una quiebra o un endeudamiento excesivo, pueden pensárselo dos veces antes de contratar a la persona, aunque sea la mejor para el puesto.

Además, los bancos y otros prestamistas hipotecarios, así como los caseros a los que le interesaría alquilar una propiedad, también comprueban ahora exhaustivamente sus antecedentes financieros. Por lo tanto, si tiene algún tipo de deuda, empiece a pagarla lo antes posible.

. . .

Asegúrese de comprobar su informe crediticio. Si hay algún error, asegúrese de impugnar el informe lo antes posible y tome medidas para limpiarlo. También es una forma práctica de asegurarse de que no ha sido víctima de un robo de identidad, que puede costar miles de euros a la gente sin tener culpa alguna. Tiene derecho a recibir una copia gratuita de su informe de cada una de las agencias de informes de crédito, así que, como propósito de Año Nuevo y para recordárselo a sí mismo, compruebe su informe de crédito e intente mejorar su puntuación cada año.

El otro paso clave que debe dar es saldar cualquier deuda pendiente lo antes posible. Asegúrese de pagar por encima del mínimo y pague no sólo a tiempo, sino antes.

Si le sobra algo a final de mes y sus deudas siguen siendo elevadas, destine una parte a su fondo de emergencia, pero también haga un pago extra a la tarjeta de crédito con el tipo de interés más alto, en lugar de destinar todo ese dinero a los ahorros.

Un fondo de emergencia es una protección muy valiosa para su futuro financiero, pero recuerde que cualquier interés que pueda obtener por el dinero acumulado en la cuenta de ahorros va a ser mucho menor que la cantidad de intereses que las compañías de tarjetas de crédito le van a cobrar por cargar con las deudas que tiene.

Este plan de reducción y eliminación de deudas a menudo significa que los ahorros quedarán en suspenso. Si bien eso podía recomendarse hace un par de años, ahora la mayoría de los expertos coinciden en que hay que prestar atención a ambas cosas, pagar las deudas y al mismo tiempo asegurarse de tener un colchón en forma de fondo de emergencia.

Los expertos financieros recomiendan dejar en suspenso su plan de pago de deudas hasta que haya ahorrado 1.000 dólares en efectivo. Deberías seguir pagando los saldos mínimos durante este periodo para no incurrir en comisiones ni arruinar tu puntuación crediticia. Sin embargo, siga ahorrando dinero cada semana hasta que alcance ese objetivo de $1000. Lo ideal es que tengas ahorrados 1.000 dólares en un máximo de seis a ocho semanas si eres estricto contigo mismo. Es una buena disciplina, y dinero real que puedes usar si hay una emergencia en cualquier momento. Incluso unos cientos de ahorros en el banco como colchón es mejor que nada, después de todo.

. . .

Si no puedes llegar a los saldos mínimos y ahorrar tanto dinero, ponte como objetivo 500 dólares en ahorros.

Entonces podrá reanudar su plan de reducción de deudas y, al mismo tiempo, ir añadiendo poco a poco más dinero a su cuenta de ahorros para emergencias.

¿Por qué 1.000 dólares? Porque suele ser suficiente para cubrir la mayoría de las emergencias domésticas. Si se te rompe el calentador de agua o necesitas un juego nuevo de neumáticos para el coche, con 1.000 dólares tendrás suficiente. No tendrás que endeudarte mucho ni cargar aún más en tus tarjetas de crédito. Sin embargo, otros recomiendan un fondo de emergencia más realista, que cubra 6 meses completos de gastos domésticos en caso de que ocurra lo peor y pierdas tu trabajo o caigas enfermo. A la mayoría de la gente le parecerá una cifra astronómica, pero eche un vistazo a los últimos extractos de su tarjeta de crédito antes de llegar a esa conclusión.

En la segunda página del extracto, verá el importe total de los intereses y comisiones cobrados como cifra anual.

Si lo miras y ves más de 500 dólares, es que tienes una

tarjeta con un tipo de interés alto y lo más probable es que tengas un saldo alto y, por tanto, un ratio deuda/salario alto, una excusa perfecta para que muchas compañías de tarjetas hagan que el tipo de interés de tu tarjeta se dispare aún más.

Ahora suma todas esas cantidades de todas las tarjetas que tienes. ¿Qué podría haber hecho con ese dinero en lugar de dárselo a la compañía de tarjetas de crédito? ¿Y las comisiones por descubierto en tu cuenta? Si no controlas tus finanzas, pronto te agobiarán. Eso es más dinero perdido que podría haber ido a parar a tu fondo de emergencia.

Por lo tanto, vale la pena hacer un seguimiento de todo el dinero al menos una vez a la semana, para ver adónde va y hasta qué punto se ajusta a su presupuesto. A menudo no hace falta mucha inteligencia para llevar un control de tus finanzas, sólo mucha organización.

Si no tienes un presupuesto, por ahí puedes empezar. Una vez que sepa cuánto ingresa realmente y cuánto sale, podrá planificar sus ahorros y, sobre todo, su fondo de emergencia.

· · ·

Hemos incluido un ejemplo de presupuesto en un apéndice al final de este libro para que pueda consultarlo fácilmente en cualquier momento.

Utilícelo para empezar a calcular sus ingresos en relación con los gastos mensuales continuados de su hogar, de modo que pueda ver qué margen tiene, si es que tiene alguno, para empezar a ahorrar para un fondo de emergencia.

Si no tiene margen, es que tiene demasiadas deudas, en cuyo caso veremos algunas estrategias al respecto en el próximo capítulo.

TRATAMIENTO DE LAS DEUDAS EXCESIVAS

Estar endeudado no es deseable -especialmente en la economía actual- y, sin embargo, la mayoría de la gente está endeudada. Sin embargo, no es imposible salir de deudas.

Existen muchas opciones que pueden ayudarle a recopilar

y pagar toda la deuda con un poco de planificación previa.

Con un plan y determinación, puede que consiga librarse de las deudas más rápido de lo que creía posible.

La consolidación de deudas es un método de combinar todos los pagos de sus tarjetas de crédito y préstamos en un pago único cada mes.

Esto puede hacerle la vida más fácil, ya que en lugar de tener que hacer frente a múltiples pagos y fechas de vencimiento, sólo tendrá que hacer frente a uno.

Esto no suele aplicarse a los préstamos hipotecarios o de automóvil, aunque puede haber opciones específicas para estos tipos de préstamos.

La consolidación de deudas se centra en las tarjetas de crédito y los préstamos personales. Los importes se consolidan en una sola suma global, y usted y la empresa de consolidación elaboran un calendario de pagos que se ajuste a su presupuesto. Sin embargo, puede que no sea una opción para usted si no tiene suficientes deudas. La mayoría de las empresas de consolidación de deudas exigen un mínimo de entre 5.000 y 10.000 dólares en deudas no garantizadas para que se le tenga en cuenta.

Si los préstamos estudiantiles son un problema, hay una variedad de nuevas opciones disponibles para el reembolso.

Una de las opciones más populares es el reembolso basado en los ingresos. El plan de reembolso basado en los ingresos funcionará sobre la base de su salario menos los gastos en los que incurra cada mes.

También existen otros planes de pago. Entre ellos se incluyen el plan de amortización ampliada, que extenderá sus pagos hasta 25 años, y el plan de amortización gradual, que comenzará con un interés bajo y luego aumentará su reembolso cada dos años durante un máximo de 10 años.

Asegúrate de investigar los tipos de pago que tienes a tu disposición. La mayoría de las compañías de préstamos estudiantiles trabajarán con usted durante un momento difícil para crear un plan que satisfaga las necesidades de ambos.

La cancelación de la deuda también es una buena opción. Si está en mora con alguna de sus tarjetas de crédito o éstas han sido entregadas a agencias de cobro, éste es el momento de saldarlas por hasta un 50% menos del saldo.

Llame a las agencias de cobro y hable con un representante financiero. Dígales por cuánto puede saldar la deuda y ellos elaborarán un plan con usted. Si no están dispuestos a aceptar la cantidad acordada, seguirán trabajando con usted para reducir los pagos mensuales hasta saldar la deuda. Hay guiones en Internet que le dirán exactamente lo que tiene que decir, como en America 's Debt Diet. Puede parecer aterrador tener que hacer esto, pero las alternativas suelen ser mucho peores.

Salir de la deuda y convertirse en un sobreviviente de la deuda puede ser un camino difícil. Sin embargo, con un poco de investigación y orientación, usted se sorprenderá de lo fácil que puede ser elegir un plan de pago de la deuda.

. . .

Tanto si se trata de tarjetas de crédito como de préstamos personales o estudiantiles, existe una opción que le ayudará a sobrevivir a sus deudas.

Sobre todo, lea la letra pequeña antes de decidirse por cualquiera de estos métodos para reducir la deuda. Por ejemplo, un servicio de gestión de deudas puede cobrarle comisiones elevadas y, si la cantidad es pequeña, debería poder encargarse usted mismo de saldar la deuda.

Evite los llamados servicios de gestión de deudas que en realidad sólo le están ofreciendo un préstamo a tanto alzado, o una línea de crédito hipotecario. Tu casa está en peligro si no cumples con los pagos. En muchos casos, los tipos de interés serán más altos cuanto peor sea su calificación crediticia y más problemas tenga.

Para empezar con la reunificación de deudas, necesitará los registros de todos sus deudores, es decir, cualquier persona a la que deba dinero, desde facturas de tarjetas de crédito hasta gastos médicos. Necesitará las facturas de al menos los tres últimos meses, además de sus talones de pago.

También debe llamar al número de atención al cliente de cada tarjeta para obtener el saldo actual de cada una de ellas y consultar su informe crediticio. Si te has retrasado en los pagos, anótalo también.

A continuación, ordene las tarjetas empezando por las que tengan los tipos de interés más altos y, a continuación, los saldos más bajos. Intente pagar primero las que no le interesen y luego deje las tarjetas en suspenso, es decir, no las utilice, pero no cierre las cuentas.

Conserve una tarjeta en caso de emergencia, por ejemplo, la que le devuelva dinero en las compras o la que tenga el tipo de interés más bajo. Por lo demás, planifica el pago de la deuda de forma estructurada, aunque eso signifique renunciar a algunos lujos durante un tiempo.

La mayoría de los sitios web de tarjetas de crédito tienen ahora una calculadora que te ayudará a ver los resultados de pagar incluso un poco más del mínimo cada mes. Así que si utiliza la calculadora y se ve pagando toda la deuda de su tarjeta de crédito en uno o dos años, lo más probable es que pueda hacerlo usted mismo y no necesite un servicio de gestión de deudas. De tres a cuatro años, también puedes intentarlo tú mismo, aunque será más difícil. Más de cinco años, es probable que el servicio merezca la pena si puede hacerlo de forma más rápida.

. . .

Busque en su zona asesoramiento crediticio gratuito sobre gestión de deudas, especialmente si tiene problemas para pagar su hipoteca. HUD.gov puede ayudarle con sus problemas hipotecarios y también remitirle a un servicio de asesoramiento crediticio.

Y para cualquiera que haya considerado la bancarrota como su única manera de salir de la deuda, piense de nuevo.

Muchas personas creen que declararse en quiebra será la "solución" a todos sus problemas. En algunos casos, le dará más problemas de los que jamás haya soñado.

En los primeros años de este siglo, la quiebra era una solución rápida, con deudas que se borraban de un plumazo en el tribunal de quiebras, y los bancos y otras instituciones de crédito podían cancelar las pérdidas como deudas incobrables.

Ahora, en 2011, no existe la quiebra fácil. Necesitará un abogado, al que habrá que pagar, y si hay alguna esperanza de que salde sus deudas personales, se le emitirá un plan de pagos que tendrá que seguir.

Aunque los acreedores pueden llegar a un acuerdo por una cantidad menor de la que figura en los libros, en general tendrá que pagar todas sus deudas de forma estructurada.

Si tiene problemas con el fisco, su empleador le embargará el sueldo, es decir, recibirá su parte de su salario en cada nómina hasta que haya pagado el dinero, antes de que usted vea un céntimo, y tendrá que vivir de lo que quede después de que le hayan quitado los impuestos atrasados. Esto puede dejarle con una verdadera lucha financiera en sus manos cada mes hasta que se pague la deuda.

La mayor consecuencia de la quiebra es lo que hará a su historial de crédito durante los próximos siete años. Además, puede incluso afectar a su capacidad para conseguir determinadas formas de empleo. Los trabajos en los que se maneja dinero de forma continua van a querer hacer una comprobación exhaustiva de los antecedentes y, sin duda, serán muy recelosos a la hora de contratar a alguien con una quiebra en su pasado. (Lo mismo puede ocurrir con su mala calificación crediticia en este mismo momento, aunque todavía no tenga graves problemas financieros).

Su historial crediticio también puede afectar a su capacidad para alquilar un piso, por no hablar de conseguir una hipoteca o cualquier otra forma de crédito. Por lo tanto, la quiebra puede parecer una solución a corto plazo, para que cesen las llamadas y desaparezcan las deudas, pero sin duda tiene consecuencias a largo plazo.

Si ha pasado por momentos difíciles debido a la recesión, no es el único. Si usted ha caído en tiempos difíciles debido a la deuda de tarjetas de crédito, entonces no hay soluciones rápidas. Te ha llevado tiempo llegar a esa situación. Por lo tanto, le llevará algún tiempo salir de ella. La quiebra debe considerarse un último recurso, no una varita mágica. Veamos otra razón por la que la gente se endeuda en primer lugar: un presupuesto ajustado.

UN PRESUPUESTO AJUSTADO

Incluso si no tiene ninguna deuda, o muchas deudas, puede pensar que su presupuesto es demasiado ajustado para ahorrar dinero cada mes. Tal vez esté viviendo literalmente de cheque en cheque. Muchas familias lo están en este momento y, por supuesto, el desempleo no es precisamente una riqueza incalculable.

Sin embargo, si ya no tiene deudas porque ha hecho un esfuerzo consciente para pagarlas, todavía tiene la oportunidad de ahorrar.

Mire su presupuesto y examine qué puede eliminar. Por ejemplo, tal vez pueda empezar a ir al trabajo en bicicleta o a compartir el coche para ahorrar al menos un depósito de gasolina al mes. Si calculas que un depósito de gasolina cuesta 50 dólares, puedes destinar esa cantidad a tu fondo de emergencia financiera.

¿Comes fuera la mayoría de los días? Redúzcalo a una o dos veces por semana, llévese la comida a casa el resto de los días y guarde el dinero ahorrado en un tarro para depositarlo en el banco al final de la semana. Lo más probable es que tengas al menos 20 dólares, que pueden sumar 80 al mes.

¿Puedes cenar en casa más días al mes? ¿Puedes saltarte el café de la tienda del barrio por la mañana y preparártelo en casa, y llevártelo al trabajo en una taza térmica de viaje?

Mete en el tarro todo el dinero que gastarías normalmente en estos artículos y verás cómo va sumando.

Lleva un papelito en la cartera en el que anotes todo lo que gastas. Deja las tarjetas de crédito en casa. Compre sólo lo que pueda permitirse con el dinero que lleva en la cartera.

Éstas son sólo algunas de las formas de mantenerte a raya para encontrar algo de dinero extra que, de otro modo, se te escaparía de las manos.

No estamos hablando de privarse por completo hasta el punto de sentirse miserable, pero sí le pedimos que analice detenidamente en qué gasta realmente su dinero. Ahorrar en el banco le dará mucha más sensación de libertad que gastar sin sentido en comer fuera todo el tiempo o beber con los amigos cada fin de semana.

· · ·

Aunque sólo ahorraras un dólar al día, serían 30 dólares al mes, 360 dólares al año. La mayoría de nosotros podemos hacerlo mejor si reducimos nuestros deseos y nos centramos en lo que realmente necesitamos, por el bien de nuestro futuro financiero.

Disponer de un fondo de emergencia es de sentido común. Cualquier otro ahorro que puedas reservar para la jubilación, la universidad, etc., es una forma de construir un futuro financiero sólido para ti y tu familia.

Ahorrar, no gastar, debe ser tu estrategia clave. Ganar dinero, no malgastarlo, puede ser un reto y requiere un cambio de mentalidad, pero, por suerte, no está solo.

Además de los expertos que pueden ayudarle a planificar y ajustarse a un presupuesto, hoy en día todo el mundo busca formas de ahorrar y obtener ingresos extra.

MALOS HÁBITOS DE GASTO Y AHORRO

Una de las partes más difíciles de crear un plan de seguridad financiera es no tocarlo hasta que haya una emergencia. Ese nuevo televisor de pantalla plana no es una emergencia, como tampoco lo es el nuevo vestido que quieres comprarte para tu primera cita con un chico nuevo y atractivo, o el vestido de graduación de tu hija. Todos estos gastos pueden preverse y planificarse.

Las únicas emergencias verdaderas son la enfermedad, la muerte o la pérdida del trabajo, cosas para las que nadie puede prepararse realmente en algunos sentidos, aunque sí en otros, como por ejemplo teniendo una buena cobertura de seguro. Si su familia se quedara en una situación desesperada si usted perdiera el trabajo, enfermara o muriera, asegúrese de que tiene un seguro adecuado. Presupueste las primas de seguro en su hoja de gastos domésticos y aténgase a ella, y también siga ahorrando para emergencias.

Si tiene malos hábitos de gasto y ahorro, ahora es el momento de mejorarlos, de crear su fondo de emergencia para las finanzas de su hogar.

Asegúrese de colocar su fondo de emergencia en una cuenta separada que sea relativamente inaccesible en comparación con su cuenta corriente personal, pero no tan inaccesible que le resulte difícil disponer del dinero en caso de emergencia.

No querrá poner su dinero en una inversión que no pueda tocarse durante varios años sin penalización. Sin embargo, no quiere que el acceso sea tan fácil que se sienta tentado a gastar su fondo de emergencia frívolamente.

La banca electrónica es una forma sencilla de abrir una cuenta de ahorro y depositar dinero en ella fácilmente. Las transferencias tardan unos días en retirarse, lo que significa que podrás resistirte a gastarlo impetuosamente.

Además, puede establecer transferencias automáticas de su cuenta corriente a su cuenta de ahorro. Esta retirada automática alivia parte de la carga que supone ahorrar para tu fondo de emergencia. Se retira de su cuenta antes incluso de que tenga la oportunidad de gastarlo. Una vez en tu cuenta de ahorro para emergencias, haz como si no existiera.

Guarda la tarjeta de débito en un lugar seguro y, pase lo

que pase, no caigas en la tentación de utilizarla a menos que se produzca una verdadera emergencia.

Por último, uno de los mayores retos es saber cómo empezar a ahorrar.

Mucha gente no controla sus cuentas ni sus finanzas.

Gastan dinero, utilizan tarjetas de crédito y pagan facturas sin ningún tipo de plan o presupuesto, y esperan que las cosas simplemente salgan bien. Gastan casi todo su sueldo cada mes y, lo que es peor, se endeudan utilizando tarjetas de crédito para comprar cosas que supuestamente son una gran ganga, o que en realidad sólo quieren por capricho y no porque realmente las necesiten.

Si éste es su planteamiento a la hora de ocuparse de sus finanzas, lo primero que debe hacer es controlarlas. Eso empieza por cuadrar la chequera y elaborar un presupuesto.

Como dice el viejo refrán: "Si no planeas, planeas fracasar".

· · ·

Tu presupuesto no es una camisa de fuerza. No es más que un plan financiero con el que puedes vivir. Tu nivel de ingresos no es un juicio sobre ti como ser humano. Pero sí es una cuestión de lo que puede permitirse gastar y de lo que puede permitirse ahorrar.

Determine exactamente cuánto ingresa cada mes y cuánto gasta cada mes. Crea categorías que sean inalterables, como las facturas del alquiler, la electricidad y el seguro.

Crea también categorías que sean flexibles, como los gastos mensuales en restaurantes. Es posible que quieras reducir esa cifra para empezar a destinar el dinero a cosas más significativas, como comprar más alimentos y cocinar esas comidas en casa, y utilizar el resto para empezar a pagar deudas y crear un fondo de emergencia.

Hay muchas calculadoras de presupuesto en Internet y otras que puedes utilizar en tu ordenador y editar fácilmente. La web es útil, pero lo mejor es tener un presupuesto en el ordenador en todo momento que puedas ajustar según necesites. En la contraportada del libro encontrarás una sugerencia práctica a la que podrás acceder en cualquier momento.

. . .

También puede utilizar una simple hoja de partidas para controlar sus gastos durante una o dos semanas, sobre todo si no tiene ni idea de adónde ha ido a parar todo su dinero.

Te ayudará a afinar en los lugares donde puedes ahorrar y a elaborar un plan razonable para saldar deudas y empezar a ahorrar con la ayuda de un presupuesto realista. Si cobras una vez a la semana, haz un seguimiento durante una semana. Si le pagan cada dos semanas, haga un seguimiento de sus gastos durante dos semanas.

Hasta ahora, en este informe especial hemos tratado los cuatro retos más comunes a la hora de crear un fondo de emergencia financiera:

Deudas existentes

Un presupuesto ajustado

Malos hábitos de gasto y ahorro

No estar seguro de cómo empezar

Si está experimentando uno o todos estos retos, no se preocupe. Todo lo que hace falta para conseguir una situación financiera sólida es un plan y un compromiso. Busca un dólar al día, apártalo y ahórralo hasta que alcances tu objetivo. Utiliza la banca electrónica, la retirada automática de fondos y una cuenta de ahorro que devengue intereses, y verás cómo el dinero empieza a sumar.

Tu fondo de emergencia empezará a crecer como una bola de nieve antes de lo que crees, sobre todo si no tienes deudas. Si aún tienes deudas, lo primero que debes hacer es pagarlas, y luego ahorrar una pequeña cantidad para los días de vacas flacas. No hace falta mucho para poner en marcha un fondo de emergencia. Lo que nos lleva a la siguiente pregunta clave que siempre nos hacen los lectores: ¿Cuánto debería ahorrar exactamente?

2

Cómo afrontar una crisis de liquidez

SI TE ENCUENTRAS en una grave crisis económica y andas buscando dinero para emergencias, a continuación te explicamos cómo evaluar tu situación y volver a ponerte en pie.

De repente y sin previo aviso, el tejado empieza a tener goteras. El calentador de agua se estropea, el ordenador echa humo, hay que cambiar el embrague del coche y tu hijo decide casarse en la isla de Oahu, ¡todo ello en la misma semana!

Mientras te sientas, aturdido, y reflexionas sobre una estrategia de salida, recibes una carta amistosa de Hacienda en la que te explican que calculaste mal tus impuestos en 1996 y que ahora son dueños de tu casa.

. . .

Este tipo de emergencia monetaria requiere su atención inmediata
  ¿A qué te dedicas?

El escenario anterior parece una emergencia monetaria de proporciones bíblicas. Temes abrir la puerta de casa por miedo a encontrarte una nube de langostas.

Gracias a Dios, todavía hay cosas que puede hacer para restablecer su vida y su equilibrio financiero -y tal vez incluso evitar futuras desgracias- sin tener que vender su alma.

Aprender a afrontar una emergencia económica

Dondequiera que haya problemas de dinero, puede estar seguro de encontrar un revés emocional paralizante. Evítelo por todos los medios, lo mejor es que empiece a prepararse para las devastadoras consecuencias fiscales y emocionales que con toda seguridad se avecinan. Tendrá que enfrentarse muy bien a ambas si espera lograr un sólido restablecimiento financiero.

. . .

Cuando surja una emergencia económica, será su capacidad para afrontar los problemas individuales lo que le mantendrá en una buena posición.

El estrés tenderá a acumularse cuando se produzcan una serie de problemas financieros, y hará que su vida sea mucho más difícil de sobrellevar.

No se sentirá tan abrumado cuando pueda analizar con calma y racionalidad cada problema individual a medida que surja. Si te sientas y te retuerces las manos de preocupación y dejas que todas tus emergencias se amontonen en una sola, te encontrarás perdido.

La calma debe ocupar un lugar central. NUNCA debes permitirte el lujo del pánico. No hay nadie ahí para que te hagas cargo. Tú eres todo lo que tienes.

Cuanto más te asustes, menos eficaz serás. Necesitas tener la cabeza muy despejada para poder sentarte y elaborar un plan adecuado. Sé consciente de tu propia tendencia a sabotear aún más tus planes. Sólo cuando estés más tranquilo estarás preparado para llegar a donde tienes que llegar y superarlo.

La calma es la primera clave para gestionar una emergencia económica

Incluso ante el primer indicio de una emergencia monetaria, es importante no actuar de inmediato. Si lo haces, cometerás inevitablemente un error.

En primer lugar, antes de que puedas volver a gestionar tus finanzas, primero tienes que gestionar tus emociones. Es absolutamente necesario que recuperes el equilibrio antes de poder siquiera empezar a trazar un plan.

Si su emergencia económica le exige actuar con rapidez, piense primero en buscar el consejo de un asesor de deudas, un coach financiero o un planificador financiero. Siempre que sea posible, piense en buscar la ayuda de un amigo o familiar con perspicacia financiera que pueda ayudarle a tener una perspectiva más clara.

Recuerda el viejo adagio de que "dos cabezas piensan mejor que una". No necesitarás hacer una gran inversión de dinero si vas mal de dinero. Busque un planificador que le ofrezca una consulta de una hora por 150 dólares. Muchas veces será todo lo que necesites para dar un giro seguro a tu vida.

Es hora de hacer números

El primer paso para establecer la estabilidad financiera es dar un paso atrás, respirar hondo y evaluar los daños. Posiblemente uno de los mayores errores que comete la gente cuando atraviesa una crisis financiera es no estar preparada para hacer una evaluación clara de su situación.

Es fácil sentirse abrumado. Sin embargo, sumar los daños sirve para dos cosas importantes. En primer lugar, necesita saber exactamente cuánto debe, cuánto dinero tiene en mano y lo que le costará cubrir la distancia entre ambos. En segundo lugar, querrá evitar cualquier otro contratiempo, como sanciones, reparaciones adicionales, incumplimiento de plazos, etc.

Si no está debidamente preparado, deberá prepararse sobre la marcha. Cualquier tipo de crisis monetaria le pillará desprevenido y se sentirá acorralado. ¿No sería ideal estar preparado y esperando la crisis? Sin embargo, ¿hasta qué punto es probable que esto le ocurra a usted?

La mayoría de la gente estará al menos algo preparada. Si la crisis no es demasiado grave, podrán sobrellevarla sin problemas. Algunos estarán hundidos desde el principio. La idea es no agobiarse y tener un buen plan de acción, por poco o mucho que sea. Hay que estar totalmente preparado para hacer frente a cualquier contratiempo de cualquier tamaño.

Lo ideal sería que esos gastos imprevistos pudieran cubrirse con los fondos de la cuenta de Gastos Irregulares de cualquier buen presupuesto. Pero, por desgracia, siempre hay un problema común. Es muy posible que disponga de un fondo de emergencia, pero la mayoría de las veces está agotado. Este mismo problema afecta a la mayoría de nosotros, así que anímese.

Más o menos en este momento, muchas personas cometen el error de recurrir al plástico para aliviarse. Resístase a esto. Sólo estarás transfiriendo tus problemas de un bolsillo a otro.

. . .

Por otro lado, si estás seguro de que puedes afrontar el uso de tarjetas de crédito para hacer frente a una emergencia de liquidez, más vale que estés seguro de que podrás pagarlas cuando llegue el momento. Si no, para qué añadir otra deuda y otro problema. Al final, todo acabará pasándole factura.

Si estás realmente en las últimas, considera la posibilidad de solicitar una línea de crédito hipotecario. Esto funcionará para algunos. Los intereses son deducibles de impuestos, pero no son tipos fijos. Eso sí, sé inteligente con este recurso.

A menos que planee devolver la cantidad prestada con prontitud, puede acabar costándole más de lo que pensaba, especialmente si ya ha agotado su propio capital.

La idea es tomar una decisión inteligente y no precipitada

Piénselo bien antes de pedir prestado de su 401(k) o IRA. Existen lagunas jurídicas que le permiten hacerlo, pero también hay costes ocultos, sin olvidar los posibles impuestos, penalizaciones y otras consecuencias. Tenga en cuenta que si perdiera el empleo, tendría que devolver el préstamo inmediatamente, o tributar como si fuera un retiro. Este remedio podría ser muy costoso a largo plazo.

Dedícate a un hobby que puedas traducir en dólares. ¿Puedes pasear a un perro del vecindario? ¿Enseñar a tejer cestas? ¿Ser anfitrión de un comedor? ¿Cuidar a los hijos de tu hermana? ¿Hacer infografías? Piensa en cuál de tus talentos podría valer unos dólares extra y luego sal ahí fuera y hazlo.

Acepta un trabajo a tiempo parcial. Pronto llegarán las vacaciones, y mucha gente complementa su sueldo con trabajos a tiempo parcial en el comercio minorista. Eso sí, no te lo gastes todo en regalos navideños y asegúrate de ingresarlo en tus ahorros.

Gastar con más inteligencia. Todos tenemos nuestras propias formas de malgastar el dinero. Ahora vea cómo puede eliminar las que no echaría de menos. El simple hecho de ahorrar el dólar que normalmente gastarías en esa taza de café cada día suma.

. . .

Pide prestado a un amigo o pariente de confianza. El tipo de interés es bajo o nulo, el dinero es rápido... pero la culpa es aún mayor. Asegúrate de tener un plan sobre cómo vas a devolver el préstamo incluso antes de acercarte a ellos.

Hacia arriba

Puedes pasar tu precioso tiempo llorando preguntándote por qué te han señalado de esta manera o puedes ponerte manos a la obra y analizar cómo ha podido ocurrirte esto en primer lugar. Tendrás que enfrentarte a algunas respuestas de toque si quieres evitar futuras crisis financieras.

Sufrir una crisis financiera grave es un momento excelente para autoevaluarse. Pregúntese en qué se equivocó, a qué no prestó atención y cómo puede estar preparándose para futuros reveses financieros. Comprender las respuestas a estas importantes preguntas le ayudará la próxima vez que le ocurra lo mismo.

. . .

Prepárese antes de que empiece la crisis. No podrá anticiparse a cada vez que le caiga encima una carga financiera, pero, si quiere estar protegido frente a ella, tiene que anticiparse a lo imprevisto.

Ten mucho cuidado. Un fondo de emergencia se crea para... emergencias. No se supone que se agote por capricho y todos los meses. Fíjate bien en tus gastos de los últimos meses, y si has tenido que recurrir en gran medida a tu cuenta de emergencia para rellenar tu presupuesto, es hora de replantearte tus problemas de gestión del dinero y a toda prisa.

Presta especial atención. Sigue el ejemplo de esta señora, que un día se dio cuenta de que sus toallas estaban ligeramente chamuscadas cuando las sacó de la secadora. En lugar de llamar al técnico, se encogió de hombros, hasta que la siguiente carga provocó que toda su casa ardiera en llamas. Todos tenemos esos mismos momentos en los que vislumbramos una crisis potencial en el horizonte y no hacemos nada hasta que es demasiado tarde. Presta atención a los pequeños detalles y evita las grandes calamidades.

. . .

Planifica con más antelación. Es probable que el embrague falle cada 130.000 km más o menos. El techo puede dar de sí cada 15 o 20 años. Una aspiradora puede abandonar el polvo en unos cinco. Evite lo obvio y pague en exceso después. Usted decide.

Tu ordenador de cinco años chirría. Podrías esperar a que muriera. Sin embargo, según la Ley de Murphy del dinero, caducará en el peor momento posible.

En cualquier caso, pagar un ordenador nuevo puede que no forme parte del presupuesto, por lo que planificar con antelación te da cierto control sobre cuándo asumir el golpe. Empieza hoy mismo a planificar lo que sabes que va a llegar, pase lo que pase. Planifique inteligentemente lo inevitable.

Empieza a crear tu fondo de emergencia

Encontrar dinero en caso de emergencia puede ser muy difícil si no se planifica. Establezca ahorros de emergencia tanto en los buenos como en los malos tiempos. Es muy probable que tenga que desembolsar una suma de dinero en el momento y cuando menos se lo espere.

· · ·

Una buena regla es ahorrar entre tres y seis meses de gastos de manutención. También puedes utilizar ese mismo dinero cuando tengas que hacer frente a gastos importantes e imprevistos, como la avería de un coche o los fondos necesarios para la universidad.

El objetivo de este tipo de plan de ahorro es guardar el dinero de forma constante, y luego recurrir a él para verdaderas emergencias. El éxito de este tipo de plan de ahorro a largo plazo dependerá menos de la tasa de rendimiento que de ir guardando el dinero día a día y dejarlo ahí para una verdadera emergencia.

Ciérralo y esconde la llave.

Las personas que viven de una renta fija son las que tienen más dificultades para ahorrar dinero para emergencias. Si puedes sacar otros 10 o 20 dólares al mes y guardarlos en una cuenta del mercado monetario, merece la pena.

Si decides que necesitas 2.000 dólares en un fondo de emergencia, mira lo que puedes permitirte sacrificar cada mes de tu presupuesto actual y luego considera esa suma de dinero como una cuenta que pagarte a ti mismo. Decide una cantidad mensual y luego aparta esa misma cantidad todos los meses para verla crecer.

Una vez que hayas alcanzado tu objetivo de 2.000 dólares, tendrás el hábito de ahorrar esa cantidad extra cada mes. Sigue haciéndolo.

Los planificadores financieros se hacen eco de la idea de tratar el fondo de emergencia como una cuenta. Guarda el dinero cada mes, pero no te dejes tentar por las últimas rebajas. No toques la cantidad, salvo en caso de emergencia.

Ahorrar dinero por cuenta propia es difícil.

Los planes de jubilación tienen éxito porque el dinero sale de tu nómina antes de que puedas echar mano de él y porque existen impuestos y penalizaciones por retirarlo antes de tiempo.

Guardar dinero en una cuenta del mercado monetario de fácil acceso requiere disciplina. Limita el acceso al fondo de emergencia. Puedes tener acceso inmediato a parte del dinero, pero no a todo. El grueso del fondo debe utilizarse, estrictamente, para emergencias y nada más.

Cuando hayas ahorrado unos dos meses de gastos de manutención, transfiere un mes de gastos a un CD a un mes. Cuando venza el CD, transfiere el capital y los intereses a otro CD a un mes. Tus ahorros crecerán bien de esta manera.

A medida que siga realizando pagos regulares a la cuenta del mercado monetario del fondo de emergencia, pronto dispondrá de otro mes de gastos de subsistencia que podrá utilizar para invertir en un CD a dos o tres meses. Si desea reservar seis meses de gastos, continúe el proceso hasta que pueda comprar cómodamente un CD a seis meses. De este modo, sus ahorros se acumularán rápidamente.

3

Crear un fondo de emergencia

ANTES DE EMPEZAR A GUARDAR dinero para una emergencia, el primer paso para crear un fondo de emergencia es averiguar cuánto dinero tienes que ahorrar.

A menudo la gente no sabe en qué gasta su dinero. Una vez que puedes contabilizar cada céntimo, es mucho más fácil decidir dónde puedes recortar y empezar a ahorrar.

No siempre se pueden tener en cuenta las emergencias, por lo que es más importante constituir el fondo lo antes posible.

Adiós a las tarjetas de crédito

. . .

Una de las mejores formas de ahorrar dinero lo más rápido posible es recortar todas esas tarjetas de crédito caras.

Las tarjetas de crédito son quizá una de las formas más caras de dinero. Una muy buena regla general es que, a menos que pagues las facturas de la tarjeta de crédito cada mes, no utilices las tarjetas para nada que puedas comer o llevar puesto.

Otra buena regla es consolidar las deudas. Si tiene varias tarjetas de crédito, cada una con un tipo de interés diferente, ¿por qué no las integra en un préstamo sobre el capital de la vivienda y luego condona los pagos de intereses? Es una buena forma de crear un fondo de ahorro para emergencias.

He aquí algunas buenas sugerencias para recortar el presupuesto que pueden funcionar para casi todo el mundo:

Cuando los tipos hipotecarios estén especialmente bajos, considere la posibilidad de refinanciar su hipoteca y, de paso, también el préstamo del coche.

. . .

Si vives en una zona con buen transporte público, comprueba si puedes arreglártelas con un coche en lugar de dos.

Haz que tu coche actual dure. Con un buen mantenimiento, podrás sustituirlo cada seis u ocho años en lugar de cada tres.

Haz una revisión energética periódica de la casa. Sustituye todo lo imprescindible, como las contraventanas agrietadas, y renueva los burletes.

Cancela las suscripciones a revistas o periódicos que no estés leyendo.

Coma fuera menos a menudo y aprenda a ser creativo con las sobras. Si por la mañana te tomas un café en la tienda de delicatessen, prepáralo en casa.

Para la paga semanal de los niños, redúcela. Explícales que todos los miembros de la familia deben contribuir al fondo de emergencia para que funcione.

. . .

Recuerda también que estarás enseñando a tus hijos a ser frugales y a desarrollar buenos hábitos de gasto.

Ahorrar dinero por tu cuenta tiene muchas recompensas y, como la mayoría de las cosas, resulta más fácil con el tiempo. Al final, toda su familia tendrá la tranquilidad de saber que dispone de recursos financieros preparados y listos para cuando los tiempos sean más difíciles. Los sacrificios que haga ahora se verán recompensados cuando más comodidad necesiten como familia.

Formas indoloras de encontrar dinero para una emergencia

Si tu plan para conseguir dinero para la próxima emergencia consiste en recoger el cambio que cae entre los cojines, quizá quieras idear un plan para aumentar esa reserva. Siempre es buena idea tener un poco de dinero extra para los tiempos de vacas flacas. Los días de lluvia pueden estar a la vuelta de la esquina. Los fondos para los días de lluvia se hacen necesarios. Aquí tienes algunas formas muy ingeniosas y prácticamente indoloras de ahorrar algo de dinero ahora.

. . .

Guarda un sobre grande, una lata de galletas, un tarro de café o algo similar. Al final de cada semana, aparta un par de dólares. Al final del primer mes deberías tener algo de dinero extra para empezar a tener un buen fondo de emergencia. La idea es que no lo cuentes ni lo gastes. Guárdalo en un lugar oculto. Colócalo en un lugar en el que no tengas la tentación de echar mano de él. Este tipo de dinero es muy valioso.

La próxima vez que te des un capricho o invites a tu familia a comer fuera, ¡date propina a ti mismo! Del mismo modo que le das a la camarera entre un 15 y un 20 por ciento de propina, reserva la misma cantidad para ti. Cuando llegues a casa, guárdalo en el tarro de las galletas.

Cada vez que pases por una ventanilla de comida rápida, ¡guarda también un dólar para ese tarro de galletas!

La próxima vez que recibas un buen aumento, en lugar de aplicarlo a tu coste de la vida, ¡apúntalo en el banco! De este modo, siempre vivirás con un aumento menor y tu cuenta bancaria crecerá un 3%.

. . .

¡Aproveche la opción de devolución de efectivo! La próxima vez que hagas una compra con tu tarjeta de débito, pide que te devuelvan una pequeña cantidad en efectivo. En lugar de gastarlo, ¡guárdalo en el tarro de las galletas! Lo más probable es que ni siquiera eches de menos ese billete extra de 1, 2 o 5 $ y, cuando llegue el momento de las emergencias, te darás cuenta de cómo se ha acumulado esa cantidad.

La próxima vez que pagues un artículo caro, como un coche nuevo o la matrícula de la universidad, sigue haciéndote los pagos a ti mismo. Abre una cuenta de ahorros y cada mes ingresa en ella el pago fantasma. Observa cómo se va acumulando.

Si se ha dado cuenta de que puede conseguir un plan telefónico de larga distancia mejor y quiere cambiarse, destine el ahorro a su tarro de galletas. Seguramente no echará de menos ese poco de dinero extra y, además, tendrá un plan telefónico mejor.

Considera la posibilidad de unirte a un club navideño.

Ahorrarás mucho dinero. Cada año apartas un poco de dinero y lo depositas en un programa de cestas. Así, cuando lleguen las Navidades, no tendrás que apresurarte a buscar regalos navideños para compartir con tu familia. La cesta llega llena hasta los topes de todo tipo de regalos navideños que has pagado durante el año anterior. De este modo, podrá destinar fácilmente 50 $ cada año a su fondo de emergencia y usted y su familia disfrutarán de unas Navidades sin complicaciones.

Contrata una tarjeta de socio para hacer la compra. En la parte inferior de su recibo de la tienda, verá una impresión que indica cuánto ahorra cada semana. Es una buena suma.

Puede ahorrar fácilmente una media de 15 dólares en cada compra semanal. Añade esa cantidad, cada semana, a tu tarro de las galletas del ahorro.

¿Ha disfrutado de su devolución de impuestos este año?

Seguro que sí, todos lo hemos hecho. Eso se debe a las nuevas leyes fiscales. Mucha gente tendrá un poco de dinero extra después del 15 de abril.

Decide depositar ese dinero extra de inmediato en tu cuenta de ahorros o cobrarlo y luego guardarlo.

· · ·

Seguro que se te ocurren muchas formas de utilizar ese dinero ahora, pero guárdalo para más adelante. Puede que más adelante lo necesites aún más.

Si eres un gastador responsable, contrata una tarjeta de crédito que premie tu fidelidad. Cuando pague la factura todos los meses, utilice una tarjeta que prometa una recompensa en efectivo y guarde el dinero en el banco. Utilice su tarjeta de crédito de recompensa con inteligencia y podría acabar con un buen dinero para su fondo de reserva.

Aparta un tarro de boca grande en la cocina. Es muy probable que tus padres y abuelos tuvieran uno. Al final de cada jornada laboral, vacía tus bolsillos o limpia tu monedero. Todo el cambio va al tarro. ¿Quién quiere cargar con todo ese peso muerto? Las monedas que te sobran se acumulan más rápido de lo que crees. De paso, añade al menos un billete a tu bote al final de cada semana. Intenta que sea de 20 dólares.

¿Ha llegado el momento de dejar ese desagradable hábito de fumar? Imagínese el dinero que ahorrará. Si aún no estás preparado para dejarlo, al menos redúcelo a la mitad.

Pon lo que te ahorres cada día en el bote del cambio y verás cómo rebosa.

Cámbiate a una lavandería que funcione con monedas. Guarda un bote en la lavadora y la secadora y, cada vez que vayas a hacer la colada, mete una o dos monedas. Así irás sumando mes a mes.

La próxima vez que vayas a devolver una película alquilada a tiempo, paga tú mismo el recargo por retraso. Verás lo rápido que se acumulan entre 1,50 y 4 dólares.

Si anhelas perder algo de peso, prueba a recompensarte con el coste del artículo del que prescindes cada día. Pon ese dinero en tu bote de cambio. ¡Quedarás genial y estarás ahorrando para un día lluvioso!

Coloca un tarro grande junto al teléfono. Todos deben echar una moneda para hacer una llamada. Todo lo recaudado se destina al fondo de emergencia. ¡Esto funciona!

· · ·

Las emergencias siempre surgen. Siempre están garantizadas, a diferencia del dinero para hacerles frente. Prepárate y planifica.

Maneras cotidianas de ahorrar dinero para una emergencia

Si lo piensa bien, hay muchas formas de ahorrar esos preciosos céntimos. Algunas exigen sacrificios, mientras que otras requieren poca reflexión previa.

La cuestión es que siempre estés pendiente de ahorrar esos céntimos de más y, antes de que te des cuenta, habrás ahorrado una buena suma.

- Gasta menos dinero del que ganas cada semana.
- Busca un trabajo mejor pagado.
- Mantén tus conocimientos laborales actualizados para que, cuando surja una nueva oportunidad, estés alerta y seas el primero de la fila.
- Ajusta tu estilo de vida para gastar siempre un poco menos.
- Cree un presupuesto financiero firme para fomentar el ahorro.

- Si tienes que utilizar tarjetas de crédito/recorta aquellas de las que puedas prescindir.
- Si tienes que utilizar tarjetas de crédito, págalas todas por completo cada mes.
- Si tiene deudas de tarjetas de crédito a tipos elevados, consolídelas de una vez.
- Busca la manera de reducir los pagos de tu préstamo estudiantil.
- Di NO a gastar dinero siempre que sea posible.
- Reduzca sus gastos, uno a uno.
- Deje de comprar artículos de los que puede prescindir.
- Renuncie a comprar artículos no esenciales.
- Refinancie su hipoteca o deuda a un tipo mucho más bajo.
- Refinancie el préstamo de su coche a un tipo de interés mucho más bajo.
- Encuentre tarifas de seguro más baratas y cambie.
- Utiliza los cupones para comprar. No compres sin un cupón de descuento.
- Espere a que las cosas salgan primero a la venta antes de comprar. Aprovecha los certificados de ahorro por catálogo.
- No compres un artículo sólo porque esté rebajado.

- En la medida de lo posible, compre productos genéricos o que no sean de marca.
- Espere a que los precios bajen a una tarifa rebajada antes de comprar (se aplica especialmente a los artículos electrónicos).
- Prémiese por ahorrar dinero. Disfruta mientras tu deuda se reduce y tus inversiones crecen.
- Conduce coches usados o de leasing en lugar de coches nuevos.
- Reduzca su seguro de automóvil.
- No comas fuera tanto como te gustaría.
- Si comes fuera, compra cheques regalo para comer a mitad de precio.
- Compre sólo revistas con descuento.
- Realiza más actividades de permanencia en casa.
- Invierte el dinero que ahorras para ganar aún más.
- Crea un plan para ahorrar 200 dólares cada mes (tanto como puedas). No dejes nunca de pagarte a ti mismo el ahorro mensual e intenta encontrar formas de aumentarlo.
- No gastes dinero sólo porque lo tienes.
- Busca una educación de mejor calidad.
- Mantente muy ocupado: tendrás menos tiempo para gastar dinero.

- Busca un pasatiempo interesante para ocupar tu tiempo y dejar de gastar dinero.
- Encuentra una afición que puedas convertir en ingresos.
- Deja de fumar y ahorra.
- Siga una dieta razonable y adelgace. Ahorrará dinero en comida, tendrá mejor aspecto y se sentirá mejor, y sus gastos sanitarios a largo plazo se reducirán drásticamente.
- Fíjate bien en cómo gastas y ahorras tu dinero.
- Aprende a gestionar tus finanzas leyendo publicaciones financieras.
- Aumenta la cantidad de dinero que ganas mediante un segundo empleo, un ascenso, un nuevo trabajo, inversiones, etc.
- No intentes competir con tus amigos y vecinos. Confórmate con lo que tienes.
- No te compares con tus amigos y vecinos. Sé feliz siendo tú mismo.
- Vende tu coche y coge el autobús para ir a trabajar si puedes.
- Aporte el máximo cada año a su 401K o a una cuenta IRA.
- Contrate un seguro dental antes de necesitarlo.
- Contrate un seguro médico antes de necesitarlo.

- Pagar tu deuda también es una forma de ahorrar dinero (te ahorra el pago de una deuda y te acerca a tener dinero para invertir).
- Cambia para reducir tu factura telefónica.
- Reduce tu factura del cable eliminando los canales de pago o pásate al satélite.
- Gana dinero extra completando breves encuestas en línea.
- Practique la contención en todo momento.
- Tenga paciencia cuando compre gangas.
- Empiece a ahorrar dinero hoy mismo.
- No te rindas: aparta sólo 10 dólares hoy mismo.

Más formas creativas de ahorrar dinero

Compra ropa en tiendas de segunda mano (sobre todo para niños pequeños). Busca ropa poco usada o incluso nueva por una décima parte del precio de una nueva (o menos).

Pague sus facturas por Internet. Está protegido y puedes ahorrar con sellos.

Sube a tus hijos al autobús escolar en lugar de llevarlos en coche al colegio.

Coloque fundas o retapice muebles antiguos para actualizarlos rápidamente en lugar de comprar muebles nuevos y caros.

Retrabaja muebles y / o decorar con pintura nueva. Utiliza muebles viejos y rotos para hacer una pieza única.

Llévate el almuerzo al trabajo todos los días. Haz tus comidas a granel y luego congélalas en recipientes más pequeños para ahorrar aún más dinero.

Compra una panificadora para hacer tu propio pan. Es mucho más barato que 2 dólares la barra, ¡y sabe de maravilla!

Compra conservas abolladas y artículos de aseo anticuados en tiendas de comestibles de segunda mano.

. . .

Lee suscripciones a revistas en la biblioteca o cómpralas en la tienda de segunda mano por 0,25 o 0,50 después de que las haya leído otra persona.

Deja de beber refrescos caros y prepara Kool-Aid o té helado descafeinado.

Cancela opciones telefónicas caras como la llamada en espera.

Saque libros de la biblioteca en lugar de comprar títulos nuevos y caros.

Cuando te laves el pelo todos los días no hagas espuma dos veces. ¡Ahorra champú!

Cambia tus hábitos alimentarios y evita los alimentos caros y procesados.

Haz ejercicio y come bien para mantener bajas las facturas del médico.

· · ·

Cepíllate los dientes y usa hilo dental para mantener baja la factura del dentista.

Realice el mantenimiento periódico de su vehículo y evite costosas reparaciones.

Arregla tu ropa en lugar de comprar ropa nueva.

Compre sólo ropa que no necesite limpieza en seco.

Cuídate las uñas. Evite las manicuras.

Simplifica tu peinado: lleva un peinado que no requiera mucho mantenimiento.

Obtenga al menos entre 3 y 6 presupuestos cuando compre artículos de más de 100 €.

Desarrolla el autocontrol y simplifica tu vida si es posible.

.   .   .

Compra sólo cosméticos de farmacia baratos y sin marca.

Corta las hojas de la secadora por la mitad.

Siempre que sea posible, compre medicamentos genéricos de venta libre en lugar de los de marca.

Compra toallitas genéricas, pañales y leche de fórmula, todo lo que puedas para el bebé.

Busca ropa de marca de calidad en las ventas de garaje de los barrios más acomodados.

Encuentra ropa de moda en los departamentos de rebajas de tiendas como Gap y Stitches.

Mantente a la moda buscando camisetas y faldas de colores básicos y luego añade accesorios más baratos y modernos.

.   .   .

Compra ropa de bebé en privado a alguien que tenga un hijo mayor (un año más) que el tuyo. Así encontrarás ropa de buena calidad más barata.

Cuando te devuelvan el cambio de una compra, ponlo en la hucha. Dale siempre al cajero dólares enteros, no la cantidad exacta. En unos meses, habrás "encontrado" dinero que podrás utilizar para un fondo de emergencia.

Puedes ahorrar dinero comprando en los pasillos de "alimentos a granel" de tu supermercado.

Aumenta la temperatura en invierno. No necesitas calefacción a más de 68 grados en invierno dentro de casa.

Lleva ropa de abrigo y calcetines/zapatillas cuando estés en casa.

Utilice todas las bolsas de plástico que reciba en el supermercado como bolsas de basura.

. . .

Algunos supermercados te dan un crédito de 5 céntimos por bolsa si traes tus propias bolsas. Los céntimos se acumulan con el tiempo.

En lugar de comprar una casa nueva, alquile con opción a compra. Los pagos son más baratos.

Instala un descalcificador. Puede que su puesta en marcha resulte cara, pero a la larga usarás menos champú/acondicionador en el pelo y evitarás que tus electrodomésticos (tuberías, plancha, lavadora, lavavajillas, hervidor y depósito de agua caliente) se obstruyan con cal.

La próxima vez que vaya al supermercado, ahorre dinero acordándose de mirar los artículos más bajos, cerca del suelo, ya que suelen ser mucho más baratos que los que están a la altura de los ojos. Además, resiste la tentación de comprar artículos adicionales en la caja, como revistas y chocolatinas.

Cuando recibas un regalo que estés seguro de que no vas a utilizar, ¡vuélvelo a regalar! La próxima vez que tengas que comprar un regalo, regala uno de los tuyos.

. . .

Compra, sacrifica y despieza tu propia vaca. El coste medio de la carne es de 1 dólar por libra.

Recoge a mano tus propias frutas y verduras de temporada. Son alimentos más baratos y de mejor calidad.

La próxima vez que anheles ver una película espera a verla en DVD en el videoclub.

Las frenadas rápidas, las curvas y los acelerones consumen mucha gasolina. Nunca dejes que la aguja del depósito baje de $\frac{1}{2}$ depósito, ni lo llenes cuando lo lleves "vacío". Si no llenas el depósito de gasolina, no llegarás a ninguna parte.

Formas económicas de ahorrar dinero

Ahorrar para una emergencia no tiene por qué ser una tarea ardua cuando se hace un buen esfuerzo por apartar dinero constantemente. Anímate a ahorrar y observa cómo se acumula esa cuenta bancaria.

· · ·

En lugar de comprar un DVD nuevo, ahorra dinero intercambiándolo con familiares y amigos. Una vez al mes haz la ronda y, antes de que te des cuenta, tendrás una nueva biblioteca de buenas películas para disfrutar.

Planta un pequeño huerto cada primavera, sólo con las verduras que más te gusten. Incluso un pequeño esfuerzo diario puede ahorrarte los dólares que sueles gastar en verduras frescas en el mercado.

Compra el pan y otros productos de panadería en la panadería de segunda mano más cercana.

Busca en tu biblioteca local los últimos lanzamientos en DVD/vídeo y alquila tres por 2 dólares durante dos días.

Lea los periódicos locales en Internet.

Busca en eBay artículos de gran valor y ahorra literalmente cientos de euros en ordenadores, reproductores de DVD, etc.

. . .

Lleva un registro del coste de los artículos que compras mucho y consíguelos en la tienda más barata, como los productos de limpieza en Family Dollar, la comida para mascotas en Wal-Mart, etc.

Haz un esfuerzo consciente por combinar tareas que requieran conducir a algún lugar, así aprovecharás al máximo tu kilometraje.

A los amigos y familiares que no se sientan menospreciados por esto, envíeles tarjetas por correo electrónico para las fiestas, los cumpleaños y como tarjetas de agradecimiento.

Además, envíe correos electrónicos a familiares y amigos que vivan lejos, en vez de llamar a larga distancia.

Deshazte de tu servicio de larga distancia de pago mensual, y limítate a utilizar un código de acceso cuando llames, que de todas formas es con poca frecuencia y barato.

· · ·

Decide de qué canales por satélite podrías prescindir y renuncia a algunos programas que realmente te gustan. Puedes ahorrar más de 20 dólares en tu factura mensual.

Cuando compres verduras, frutas y pan en el supermercado, fíjate primero en los carritos y estanterías de venta rápida.

Cambie usted mismo el aceite de sus vehículos.

Ahorra dinero comprando ropa para el año siguiente al final de la temporada o fuera de ella. Puedes conseguir grandes descuentos.

Cada noche saca las monedas que te sobren de los bolsillos o limpia periódicamente el monedero y échalas a un lado. No vuelvas a coger dinero hasta final de año. Después lleva todas las monedas al banco y cámbialas por dinero en efectivo. Te sorprenderá descubrir que han sumado 50, 100 o incluso 200 dólares.

"Cuida tus céntimos y luego tus dólares se cuidarán solos".

. . .

Ir al trabajo en bici cuando hace buen tiempo en vez de en coche para ahorrar gasolina.

Coma algunas comidas vegetarianas abundantes cada semana.

Las ventas de garaje son una buena fuente de artículos para el hogar, libros, ropa y muebles.

No compres agua embotellada. Compra un buen filtro de agua y bebe agua del grifo.

Al final de cada día, pon todo el cambio en una lata de café vacía. Luego echa las monedas mientras ves la tele o escuchas la radio. Así sumarás cientos de dólares muy rápidamente y tendrás algo bueno que hacer con las manos para relajarte.

Ahorre dinero reduciendo sus gastos energéticos. La energía puede ser el gasto número dos o tres, junto con el coste del alquiler o la hipoteca y la comida.

. . .

Cambia todas las bombillas por bombillas fluorescentes compactas. Pueden ser caras, pero duran años (se acabaron las sustituciones) y suelen consumir entre un 10 y un 20% menos de energía que las bombillas normales. Compra una cada vez que vayas de compras, empezando por las zonas más transitadas de la casa, como la cocina o la escalera, hasta que ya no te queden bombillas incandescentes.

Si es propietario de su vivienda, considere seriamente la posibilidad de cambiar cualquier aparato de calefacción eléctrico por gas natural, como el calentador de agua, la caldera, la estufa o la secadora. La electricidad sirve para casi cualquier aparato, y por eso se paga un precio muy alto.

El gas es muy eficiente para los aparatos de calefacción; calienta mucho más rápido y gasta mucha menos energía.

Lave toda la colada con agua fría. La mayoría de los detergentes modernos son tan eficaces en agua fría como en agua caliente.

. . .

Además, asegúrate de que la colada que haces es una carga completa, ya que consume la misma cantidad de energía que una décima parte de una carga.

Prueba este truco con tu secadora: Ponla en marcha durante 20 minutos y luego ponla en "air fluff" durante 15 minutos. Tu ropa ya está caliente con el agua que sale en forma de vapor y comprobarás que, aunque tarda un 20% más, ahorras un 50% de los costes energéticos de tu secadora.

En los meses más fríos, cuando necesite utilizar la caldera, encienda la calefacción a la temperatura deseada. Cuando la caldera se apague (su casa se ha calentado a la temperatura deseada), gire el termostato a la posición de apagado. Si tiene frío, compruebe el termostato. Si está 5 grados por debajo de la temperatura deseada, vuelva a encender el termostato hasta la temperatura deseada.

A menudo, los hornos se activan y desactivan para mantener la temperatura deseada, pero son mucho más eficientes cuando están en el ciclo de calor durante períodos más largos. Ahorrará alrededor de un 50% en los costes de su horno, incluso un 30% si tiene un termostato digital de alta tecnología. Por supuesto, manténgalo completamente apagado cuando esté fuera de casa.

Si alguna vez sales de casa un fin de semana o más, desenchúfalo todo. Ese despertador o ese vídeo que parpadea o ese DVD en espera siguen consumiendo energía. Si vas a salir de casa una semana, ahorrarás mucho dinero con sólo desenchufar todos esos aparatos, y protegerás tu casa de riesgos de incendio en caso de avería o sobrecarga eléctrica.

Mantén el frigorífico y el congelador lo más llenos posible.

Cuantos menos espacios de aire haya en tu frigorífico, menos tardará en enfriarse el aire.

¿No tienes mucho dinero para la comida? Simplemente compra un montón de pan y mételo en el congelador, normalmente puedes conseguir pan más barato cuando lo compras en grandes cantidades de todos modos.

. . .

Si realmente necesitas suscribirte a una revista, forma un pequeño grupo, quizá de tres personas, para dividir los gastos. Así, cada persona podrá conservar la revista durante una semana.

Ahorra dinero tirando los catálogos o revistas que te tienten a comprar algo.

Los cereales se pueden congelar y se conservan mucho tiempo. Antes, nunca podíamos comerlos lo bastante rápido y teníamos que tirarlos cuando estaban rancios. Cuando le echas leche, no te das cuenta de que está congelado. Todavía no he encontrado ningún cereal que supiera mal por el congelador.

No tires las bolsas de leche vacías. Córtalas y lávalas. Puedes utilizarlas como bolsas. También mantienen frescos los alimentos congelados si se usan con una selladora.

Ahorra dinero preparando tu lista de la compra, planificando los menús de la semana siguiente y comprando sólo lo que figura en ella.

. . .

Pide prestados DVDs a amigos y familiares en lugar de alquilarlos.

Pon tu lavadora en el programa de lavado más corto posible.

En lugar de lavar la ropa durante 10 minutos, ponla durante 5 minutos. Ahorra en la factura de la luz y en el desgaste de la ropa.

Recoge los céntimos, monedas de diez y de cinco centavos que encuentres en las aceras o en los aparcamientos.

Añádelos al bote de monedas sueltas que estás ahorrando y, al final del año, podrás añadir este dinero a tu fondo de emergencia.

Fomenta la práctica de deportes de equipo en tus hijos.

Cuanto más tiempo pases con tus hijos practicando deporte, menos tiempo y dinero gastarán en el centro comercial.

. . .

Para ahorrar dinero en gasolina, no llenes el depósito hasta el borde, ya que el peso extra de la gasolina repercute en la potencia del motor. Saca del maletero todos los objetos que no sean importantes para reducir el peso del vehículo.

Ve las películas de otros con un presupuesto ajustado.

Compra tu propio bote de palomitas y añádele tus propios condimentos.

Apaga la calefacción por la noche y duerme con una bolsa de agua caliente. Esto funciona bien en un apartamento pequeño, porque se calienta rápidamente. Para las personas con casas más grandes, bajar la calefacción también debería funcionar bien.

Si tiene que tomar un café especial, el Espresso parece un artículo de lujo, pero como se muele más fino y se utiliza menos cantidad, el café dura más.

. . .

Compra en eBay artículos como maquinillas de afeitar, lociones, programas informáticos, preparados para bebés, pañales, etc. Si puedes planificarlo con antelación, ahorrarás.

Cada periodo de pago, reserve cualquier cantidad que haya presupuestado pero que no haya necesitado gastar. Por ejemplo, puede que hayas previsto que necesitarías 50 $ para el mantenimiento de tu coche, pero sólo hayas tenido que gastar 30 $. Coge los 20 dólares "extra" y ponlos en tu cuenta de ahorros.

Incluso TÚ puedes ahorrar con poco dinero

Lo creas o no, cuánto ahorras tiene poco que ver con cuánto ganas, ¡y los estudios lo han demostrado! Es hora de dejar a un lado las excusas; aquí tienes una hoja de ruta para encontrar dinero que ni siquiera sabías que tenías.

4

Una simple palabra: ahorro

Cuando oyes esa simple palabra, ¿te sientes profundamente culpable? Claro que sí, todos lo sentimos.

Porque, como la mayoría de la gente, el 75% de los encuestados afirma saber que sus ahorros, destinados a la jubilación, son insuficientes.

Tal vez sea un motivo de angustia, pero no tan sorprendente como el descubrimiento de que lo que se ahorra ahora tiene muy poco que ver con lo rico que se es en la actualidad. De hecho, esto es tan cierto que, en ese mismo estudio, las personas con ingresos medios ahorraron menos que las personas con ingresos más bajos. Si lo pensamos bien, es sorprendente. Los que tienen menos ahorran más. ¿Cuál es el secreto de su éxito?

Para aquellos de nosotros que escatimamos y ahorramos sin cesar y con tan poco que demostrar, estas estadísticas son tan molestas como vergonzosas. También significa que no tienes excusa para no ahorrar lo suficiente.

La conclusión es la siguiente: Tienes que ahorrar, ¡independientemente de lo que ganes! Eso significa que por cada 10 $ que ganes, DEBES ahorrar al menos 1 $. No parece demasiado difícil, ¿verdad? PUES NO.

A MENOS que tengas un plan de ahorro a toda prueba, no ahorrarás ni un céntimo. El truco está en el propósito y en el plan.

¿Estás preparado para empezar un buen plan de ahorro?

Estás preparado, pero no sabes cómo conseguir ese dinero extra. Ya se gana la vida a duras penas. Puedes arreglártelas si te entrenas para pensar de otra manera. Esa es la primera parte de todo buen plan. Tienes que pensar bien. Si no piensas bien con respecto a tu dinero, no podrás administrarlo.

Tu primer paso: Replantearse la forma de pensar sobre el dinero

Ahorrar dinero es un estado mental tranquilo. Antes de empezar, tienes que decir NO a todos los gastos y dejar de pensar que realmente necesitas todo aquello en lo que estás gastando el dinero que tanto te ha costado ganar. Simplemente, no gastes.

Es muy sencillo. Di NO a todas las excusas y razones por las que sientes que DEBES gastar. Dígase a sí mismo: ¡NO MÁS EXCUSAS, PERÍODO! La próxima vez que quiera comprar algo, saque los 50 ó 100 dólares de su cartera y guárdelos en algún sitio. ¿Ves la lógica? A eso se le llama ahorrar. No acabas con cosas; acabas con el DINERO que tanto te ha costado ganar.

Otra nueva forma de pensar será considerar la frugalidad como tu salvadora. Conviértete en un tacaño empedernido y haz lo que hacen tus amigos más frugales. Presta especial atención al hecho de que los amigos frugales arreglen la cortina de la ducha en lugar de comprar una nueva. Siéntate con familiares de la época de la Depresión y pregúntales cómo llegaron a fin de mes a pesar de los tiempos desesperados. Quieres aprender a economizar.

El siguiente paso para replantearse las cosas es inspirarse. Pasa todo tu tiempo libre en Internet y busca esos sitios web frugales. Busca "vivir barato", "vida frugal" y "simplicidad voluntaria".

Encontrarás un montón de buenos sitios Web dedicados a vivir con menos, como: thefrugalshopper.com, simpleliving.net y frugaliving.com.

Aprenda a convertir el tiempo de compras en tiempo de actividad. Da un paseo en bici, pasea por los recuerdos, lleva a los niños al parque... haz todo lo que puedas para olvidarte de las compras y los gastos. ¡Funciona!

Paso 2: ¡Hora de ahorrar!

.   .   .

Hay muchas formas creativas de vivir con menos. Sin embargo, no hay que amargarse la vida. He aquí algunas formas de ahorrar sin perder calidad de vida.

No se lo piense demasiado: ¡hágalo! El depósito directo es ahora su mejor amigo. Su dinero pasa a su cuenta IRA, 401(k) o del mercado monetario sin que usted tenga que hacer nada. Sólo tiene que pasar por su departamento de nóminas y/o su banco y rellenar los formularios. Hágalo hoy mismo.

Come sin carne algunas veces. Hazte vegetariano.

Prepara sólo tres días sin carne a la semana (sin sustituirla por pescado caro) y podrías ahorrar 25 dólares a la semana, lo que equivale a 100 dólares al mes, ¡lo que equivale a 1.200 dólares al año! Judías: Aprenderás a amarlas.

Juega al juego del dinero. Cada vez que recibas un billete de 5 dólares, resérvalo para más tarde. O haz lo mismo con los de uno, con los de 25 o incluso con todo el cambio que te sobre. Tendrás un nido de ahorros antes de que se te escape ni un céntimo.

. . .

Nunca gastes los extras. Guarda todo lo que te devuelvan en el impuesto sobre la renta, el dinero de las vacaciones de los amigos, el cheque de 20,38 dólares por pagar de más de la compañía telefónica y cualquier otro extra y ahorra hasta el último céntimo.

Negocie y regatee. Te impresionará ver quién baja los precios, las comisiones y los tipos de interés: compañías aéreas, hoteles, empresas de tarjetas de crédito e incluso vendedores de ordenadores, electrodomésticos y artículos de droguería. Antes de pensar en pagar el precio completo, regatea un poco.

Reevalúa tu dinero antes de gastar.

Esa cena fuera para la familia te costará más de lo que gastas en comida en una semana. Ese par de zapatos de lujo vale la mitad que un abono de transporte. Aprende lo que vale tu dinero para ti, y no te apresurarás tanto a deshacerte de él.

. . .

No pagues de más en tus impuestos. Sí, te encanta recibir un buen reembolso de Hacienda cada primavera. Pero lo cierto es que le estás prestando dinero al gobierno sin intereses. Revisa tu declaración de la renta y mira si puedes aguantar hasta el 31 de diciembre para conseguir quizá un reembolso de 150 dólares. De ese modo, podrás utilizar tu dinero AHORA si lo necesitas para una emergencia y depositar el reembolso cuando lo recibas más tarde.

Decida aumentar las franquicias de su seguro. Reevalúe cada una de las franquicias de sus distintos tipos de seguro.

Si puedes aumentarlas, tus primas bajarán.

Reduzca los gastos de su hipoteca. Comprueba si el tipo de interés es demasiado alto. Si lo es, considere la posibilidad de refinanciar, ya que le ahorrará dinero. Ahora, veamos el seguro hipotecario privado (PMI) que has estado pagando porque no tenías suficiente dinero para hacer un pago inicial del 20%. Si el capital de tu vivienda es superior al 22%, asegúrate de cancelarlo. Es la ley.

Por último, pague su hipoteca. Si puede pagar 100

dólares más al mes, se ahorrará miles de dólares en intereses a largo plazo.

Deshazte de esos desagradables y brillantes catálogos. La tentación de gastar más conocida por el hombre o la mujer son los catálogos. Seguro que son divertidos y tienen buen aspecto, pero ¿merecen la pena el riesgo de gastar? Tíralos directamente a la basura.

Rechaza las comisiones innecesarias. Como los 2.50 dólares que pagas sólo porque el cajero automático está ahí mismo, ahora mismo, en lugar de caminar dos manzanas hasta tu banco, donde no te cobran nada cada vez que utilizas tu tarjeta de efectivo. ¿Y qué me dices de los recargos por devolver vídeos? Estos sí que suman. No te olvides de las comisiones que te cobran los bancos cuando emites un cheque sin fondos.

Límpialo tú mismo. He descubierto un truco muy chulo: Cuando la etiqueta de una prenda dice "Sólo limpieza en seco", la lavo. Por otro lado, quita esa manchita de mostaza con una esponja.

. . .

No pagues a un profesional. Si puedes arreglar la puerta del garaje de la vecina y ella puede pintar la cocina: hazlo y ahorra.

Guarda tu aumento en el banco. Pon ese pequeño aumento del 3% al 5% en la nómina de tu depósito directo y vive con tu salario anterior.

Pague la larga distancia con inteligencia. Evalúe el valor de los distintos planes telefónicos. Preste atención a lo que paga actualmente por minuto. Algunos códigos de marcación o tarjetas telefónicas baratas (sin recargo por llamada) pueden ofrecerle una tarifa mejor. No sólo ahorrará, sino que quizá no necesite hablar tan a menudo con Alvin de Schenectady.

Limítate a comprar lo básico para las mascotas. Di no a los mimos para mascotas. ¿Necesita tu perro esos bocadillos de chuletas? ¿Necesita tu gato ese juguete forrado de piel de conejo? Probablemente no.

Jura no volver a pagar el precio completo. La próxima vez que tengas que ir de compras, entra en Internet. Busca en eBay, half.com y craigslist.org excelentes fuentes de artículos "poco usados": desde libros a joyas, pasando por mobiliario de oficina, e incluso la primera temporada completa de Star Trek en vídeo.

Cuando te centras en el ahorro, tu forma de pensar sobre el dinero cambia. Antes de que te des cuenta, tienes ahorros sustanciales.

5

Consejos inteligentes para vivir con un presupuesto ajustado

INDEPENDIENTEMENTE DEL MOMENTO de la historia y del estado actual de la economía, de las tendencias actuales, de la tasa de desempleo o de los tipos de interés, algunas ideas para ahorrar dinero siempre funcionan y se mantienen.

Los grandes cambios se consiguen dando pequeños pasos, y si se decide a poner en práctica aunque sólo sea uno de estos muchos secretos del ahorro, verá un gran cambio en su vida.

Ahora aprenderá una serie de consejos para ahorrar. Usted aprenderá cómo colocar mejor su dinero duramente ganado en una variedad de maneras con los pies en la tierra. Lo que aprenderá le ayudará en su vida diaria.

Consejo para ahorrar dinero n° 1:

El gran Albert Einstein dijo una vez: "Hace falta ser un genio para ver lo obvio".

Deja que estas sabias palabras te guíen hoy. Lo que quería decir con eso es que a veces las cosas más sencillas de la vida son las más poderosas... pero como son tan obvias, tendemos a ignorarlas y a no dejar que trabajen para nosotros.

Una de las ideas más poderosas para ganar dinero es la siguiente: lleva un diario de todo lo que gastas. Ve a la tienda de todo a cien, compra un pequeño libro y llévalo contigo dondequiera que vayas. Anota cada céntimo que gastes. Así de sencillo.

Si hace esta única cosa, descubrirá que algo mágico sucede en su vida financiera en sólo unas semanas.

. . .

Anotar cada uno de tus gastos tiene un poder increíble. Hace que el flujo de dinero en tu vida sea más realista y exacto. Le muestra de forma sencilla y clara en qué gasta su dinero, en qué y por qué. Una vez que lo sepa, le resultará mucho más fácil controlar sus gastos. Se sentirá más dueño de sí mismo y esto le animará a ahorrar.

Muchas personas que han adoptado esta práctica no sólo han aprendido algo sobre sí mismas, que nunca antes habían comprendido, sino que a menudo quedan asombradas por la sencillez de la lección aprendida.

Por ejemplo, una persona podría darse cuenta al examinar su cuaderno de que en realidad gastó casi 1.000 dólares a lo largo del año en refrescos light, aperitivos y chocolatinas. Dado que su trabajo sólo le reporta 20.000 dólares al año, se dio cuenta de que el 5% de sus ingresos se estaba malgastando en algo totalmente frívolo. La persona renunció a los aperitivos y las bebidas, y descubrió que tenía dinero suficiente para irse de vacaciones al año siguiente. Si pudieras elegir entre unos aperitivos y unas vacaciones muy necesarias, ¿qué elegirías? Por supuesto que elegiría las vacaciones, todos lo haríamos.

· · ·

La cuestión es que fue su registro diario de gastos lo que les ayudó a conseguir la visión y la claridad que necesitaban para hacerse con el control de sus finanzas. Eso es lo que un simple registro de gastos hará por usted: le dará el control que tanto necesita sobre sus gastos y, por tanto, sobre su vida financiera. Puede que no haya nada más que un cuaderno de 75 céntimos y un bolígrafo entre su vida de lucha financiera y la libertad financiera.

Consejo para ahorrar dinero nº 2:

Detener el déficit Todos sabemos cómo el Tío Sam ha estado creando deuda: gastando más dinero del que nuestro país ingresa. Se llama gasto deficitario.

Pues bien, ¡no hagas lo mismo! Las mismas reglas se aplican a ti y a mí. Usar esas desagradables tarjetitas de plástico puede que sea el "American Way", pero es un modo de endeudarse y crea un montón de tontos cada nuevo día.

Hoy en día, el titular medio de una tarjeta de crédito tiene una deuda de plástico de unos 8.000 dólares.

Endeudarse con una tarjeta de crédito es ciertamente muy fácil, como muchos de ustedes ya saben. La razón es psicológica. Entregar una tarjeta de crédito a un dependiente no es lo mismo que entregarle un montón de billetes verdes. ¿Estaría dispuesto a entregar un puñado de billetes de diez dólares en el bolsillo o una tarjeta de crédito en el mostrador? Probablemente no. Esto es obvio para la mayoría.

Las tarjetas de crédito te endeudan y te mantienen endeudado. Incluso para las personas con buenos ingresos, reducir la deuda de la tarjeta de crédito a cero puede ser increíblemente difícil. Además, no lo dude, las deudas de las tarjetas de crédito minarán su fortaleza financiera con la misma facilidad con que una vena abierta agotará la fuerza vital de su cuerpo. Utilizar una tarjeta de crédito por elección puede convertirse rápidamente en utilizarla por necesidad. Una vez que se llega a ese punto, ya se está en problemas y es hora de buscar ayuda.

No hay ningún secreto para liberarse del juego de las tarjetas de crédito. Debes sacar unas tijeras hoy mismo, cortar tus tarjetas por la mitad y empezar a devolverlas, sin prisa pero sin pausa. Asegúrate de pagar siempre más de la cantidad mínima adeudada, aunque sólo sean 10 dólares más.

. . .

Una vez que deje de añadir a la deuda, incluso los pequeños pagos con el tiempo, se suman. Usted puede salir de la deuda, si usted es paciente y autodisciplinado. Una vez que tus tarjetas hayan pasado a la historia, debes adoptar una estricta política de pago. En lugar de comprar ahora y pagar después, ahorra ahora y compra cuando tengas el importe total. Esto es clave para poder ahorrar.

Una vez más, dejar de consumir a crédito es una de las herramientas financieras más poderosas de que dispone cualquier persona hoy en día. ¿Por qué no coges esta herramienta y la usas para ti mismo?

Consejo para ahorrar dinero n° 3:

Vende todos tus trastos. Así es, ya es hora de hacer una venta de garaje en serio. Busca en tu casa o apartamento todos los objetos que no necesites y véndelos. Hasta la última pieza.

Haz un inventario. La verdad es que la mayoría de la gente se asombra de lo que posee y de la cantidad de dinero que tiene invertido en objetos que ya no necesita ni utiliza. ¿Por qué dejar que se acumulen en una cuenta de ahorros?

. . .

Podrías ser fácilmente 600, 1.200... incluso 5.000 dólares más rico al final de la semana. Además, tendrás tu casa limpia y la sensación de empezar de nuevo. Una venta de garaje es una excelente manera de empezar. No sólo limpias tu casa, sino que también suele dar un impulso psicológico que ayuda a la gente a tener el control de su vida y de su dinero.

Consejo para ahorrar dinero nº 4:

Ben Franklin dijo hace mucho tiempo: "Un penique ahorrado es un penique ganado". Sí, sigue siendo cierto y sigue siendo uno de los consejos para ganar dinero más poderosos de toda la historia.

Dentro de la famosa frase de Franklin se entiende bien la dificultad de ahorrar.

Es difícil ahorrar y mucho más fácil gastar. Todos lo sabemos. Por eso cada céntimo ahorrado se gana de verdad, ¡porque cuesta mucho esfuerzo retener ese dinero! Si puedes hacerlo, hará magia en tu vida. Tener una cuenta de ahorro desestresará tu vida.

Imagina que vas por delante de tus facturas, en lugar

de ir por detrás. Cuando vas por delante de tus facturas, toda tu vida está bajo tu control. Duermes mejor por la noche. Su mente es más libre para idear nuevas formas de ganar más dinero y ahorrar más. El ahorro es contagioso, ¡una vez que lo dejas empezar!

Algunos consejos para ayudarte a ahorrar

1. No se conforme con una cuenta corriente con intereses. Ten una cuenta de ahorro independiente a la que no se pueda acceder tan fácilmente como a una cuenta corriente.

2. Guarde sus ahorros en otro banco, fuera de su ruta habitual o incluso en otra ciudad. Así no tendrás la tentación de echar mano de ellos cada vez que vayas al banco a hacer un ingreso en cuenta.

3. Compre bonos de ahorro a corto plazo, con vencimiento entre 6 meses y un año. Obtendrá un tipo de interés más alto y, al mismo tiempo, mantendrá su dinero cerca en caso de emergencias monetarias reales.

. . .

4. Si puedes, abre la cuenta a dos nombres distintos y exige que ambas firmas sean necesarias para retirar dinero.

Dos personas pueden debatir cada retirada y mantener a raya a la otra.

5. Cuando reciba su nómina, ponga inmediatamente un mínimo del 5% en su cuenta de ahorros. Al cabo de un año, se sorprenderá de lo mucho que ha ahorrado y se sentirá muy bien.

Visualiza la abundancia y la riqueza todos los días. ¿Estoy sugiriendo que practiques algún tipo de misticismo que te convertirá en un "imán de dinero"? Tal vez sí, tal vez no.

Llámalo como quieras - un juego mental, misticismo, New Age - el hecho sólido es que detrás de cada hombre y mujer ricos hay una actitud positiva hacia el dinero.

Míralo de esta manera: Cuesta **CERO** tener pensamientos negativos o positivos. Entonces, ¿por qué no tener pensamientos positivos y aumentar las probabilidades?

.   .   .

Se han realizado muchos estudios sobre los patrones de pensamiento y la mentalidad de algunas de las personas más ricas y con más éxito del mundo. Lo único que todas ellas tenían en común era una actitud positiva hacia el dinero y su capacidad para ganarlo y conservarlo.

¿QUÉ HAS APRENDIDO? RESPETAR EL DINERO Y PENSAR DE FORMA POSITIVA HACIA EL DINERO. ESTE ES UN BUEN COMIENZO PARA AHORRAR CON SENTIDO.

La clave para poder conseguir dinero de emergencia cuando más se necesita es, en primer lugar, tener la mentalidad adecuada sobre el dinero. Piensa en positivo sobre el dinero, el gasto y el ahorro. No hay ecuación mejor.

7 formas serias de ahorrar dinero: no aptas para pusilánimes

¿Quieres ahorrar de verdad? Analice seriamente cómo gasta y cámbielo. Deje de fumar puros, alójese con un compañero de piso, aparque el coche... y ahorrará hasta 10.000 dólares al año. ¡Así de fácil!

. . .

¿Le resulta cada vez más difícil achacar la falta de ahorros a su mísero sueldo?

¿Le sorprenderá saber que lo que ahorra tiene poco que ver con sus ingresos? De hecho, es muy cierto. Tiene más que ver con si quieres ahorrar y estás dispuesto a ajustar tus finanzas para aumentar tus ahorros.

Un estudio reciente ha puesto de manifiesto que existe una gran disparidad entre los niveles de ingresos de las personas que ahorran para su jubilación. El estudio señalaba que no sólo las personas con ingresos más altos ahorraban más. De hecho, incluso las personas con los ingresos más bajos fueron capaces de ahorrar más que algunos de sus homólogos con ingresos medios, hasta 100.000 dólares.

¿Cuál fue su conclusión? Las personas con pocos ahorros en vísperas de la jubilación simplemente han optado por no ahorrar tanto y gastar más a lo largo de su vida.

. . .

La clave, por tanto, es muy sencilla: Gasta menos de lo que ganas y AHORRA MÁS.

Es fácil ver por qué algunas personas tienen problemas financieros.

Algunas personas no se paran a pensar que ganar dinero es sólo una parte de la ecuación de la salud financiera. La otra parte fundamental es aprender a gestionar el dinero y ahorrar.

Gran parte del problema para muchos es que la gente no sabe lo suficiente sobre su propia realidad financiera.

Ni siquiera saben lo que ganan, ni lo que necesitan para vivir cómodamente, ni siquiera conocen sus verdaderos ingresos discrecionales".

6

¿Cuál puede ser la solución?

La gente tiene que informarse. Siéntate con tus facturas y extractos mensuales y calcula tus ingresos y gastos reales. Después, decide si te gusta lo que ves. Si no, crea un plan realista para cambiarlo.

Para ayudarle en el proceso, hágase estas cuatro preguntas esenciales:

¿Cuál es mi situación financiera real y actual?

- ¿Cómo elijo vivir?
- ¿Puede mi dinero actual soportarlo y cómo quiero utilizar realmente mi dinero?
- ¿Cómo puedo aprovechar mejor mi dinero?

Trata la gestión de tu dinero como si fuera cualquier otra tarea doméstica y dedícale tiempo suficiente cada mes.

Tenlo en cuenta: Muchas de las herramientas financieras que nos han hecho la vida más cómoda -como las tarjetas de crédito- pueden fomentar muy malos hábitos financieros y prolongar el endeudamiento cuando se utilizan mal. Las tarjetas de crédito SÓLO deben utilizarse como la herramienta de gestión de efectivo que son y no como una herramienta de endeudamiento.

Ten en cuenta que estás gastando el dinero de mañana cuando cargas cosas en una tarjeta de crédito. Sigues encerrándote y perdiendo tu libertad, poco a poco.

Lo esencial para la salud financiera es: Dejar de gastar.

Estrategias de ahorro más serias

Si te tomas en serio lo de tener un buen fondo para emergencias, quizá debas refrenar el espíritu consumista que llevas dentro. Esto significa, en lugar de gastar, ahorrar. Por supuesto, la mejor forma de ahorrar sigue siendo depositar automáticamente en su cuenta de ahorros una parte de su nómina semanal. Si le gusta la idea de decidir, semana a semana, cuánto va a ahorrar, anímese y adapte uno o dos consejos serios. Todo está bien si el resultado final es mejor y más ahorro.

Organice de una vez por todas la "madre" de todas las ventas de garaje. Haz los deberes y haz literalmente un inventario de la casa. Retroceda, hasta el fondo, hasta el último rincón de cada armario y decida que, si no lo ha utilizado durante más de seis meses, tendrá que irse. La mayoría de la gente tiene por lo menos 1.000 dólares en artículos de venta de garaje escondidos en su casa. Esto resulta ser una auténtica mina de oro para muchos.

¿Cuánto le cuesta ese desagradable hábito de fumar un paquete al día? En el estado de Washington, son fácilmente 5 dólares al día -o unos 1.800 dólares al año- que pueden ir directamente a sus ahorros. Esto ni siquiera empieza a tocar el ahorro en seguros y asistencia sanitaria.

Doma al tigre que llevas dentro. En su lugar, comparte coche o utiliza el transporte público. Así ahorrará en gasolina, seguro y gastos de mantenimiento, por no hablar del dinero que se gasta en un dolor de cabeza.

Utilizando la tasa de reembolso por kilometraje del IRS de 2002, de 36,5 céntimos por milla, como aproximación al coste de los desplazamientos al trabajo, podría ahorrar 1.141 dólares al año conduciendo la mitad del tiempo durante 50 semanas al año (basándose en un viaje de ida y vuelta de 40 km). Para un planteamiento aún más serio, considere la posibilidad de prescindir del coche si vive en la ciudad. Algunas ciudades están poniendo en marcha programas progresivos que le permiten acceder a un coche sin las molestias de la propiedad.

Compre artículos usados. El consumidor medio gasta unos 1.750 dólares al año en ropa y su mantenimiento, según la última Encuesta de Gasto del Consumidor de la Oficina de Estadísticas Laborales de Estados Unidos. Puedes reducir fácilmente ese gasto a la mitad comprando en tiendas de consignación y subastas, aunque la vida útil de los artículos puede ser algo inferior a la de comprarlos nuevos. Para tenerlo en cuenta, el ahorro anual puede ascender sólo al 25%, es decir, 437 dólares.

Conviértete en una persona hogareña. Con una media de 1.800 dólares al año, el gasto en ocio se come los presupuestos mejor planificados. Acuda a la biblioteca en busca de libros, música y películas. Coma fuera menos a menudo. La persona media gasta 2.276 dólares al año en comer fuera. Intente reducir su gasto a la mitad en ambas áreas para conseguir un ahorro anual de más de 1.900 dólares.

Reduzca sus gastos de vivienda. Aunque una mudanza al otro lado de las vías puede ahorrar algo de dinero, las mudanzas son caras. Plantéate alquilar una habitación de tu casa. El coste medio de la vivienda por persona en 2004 fue de algo más de 13.200 dólares. En áreas metropolitanas como Seattle, las habitaciones cuestan fácilmente 400 dólares al mes. Calcula que unos 20 $ de esa cantidad se destinan al aumento de los costes de los servicios públicos, y aún así habrás conseguido un ahorro anual de más de 4.000 $ antes de impuestos sobre la renta.

Recorta todas tus tarjetas de crédito. Construye primero un fondo de emergencia para hacer frente a la mayoría de los gastos inesperados. Esto te permitirá convertirte en tu propia agencia de préstamos. Las tarjetas de crédito pueden ser una herramienta de gestión de tesorería, pero pagar sólo el mínimo te mantendrá endeudado durante años.

Si usted es la persona media con al menos una tarjeta de crédito, probablemente tenga cerca de 8.523 $ de deuda en tarjetas de crédito, según un grupo de investigación del sector. Con una TAE media del 14,4%, podría costarle hasta 1.100 dólares al año sólo en intereses. Con sólo esperar hasta que haya ahorrado lo suficiente para hacer compras, podría eliminar esos pagos de intereses.

Si eres muy ambicioso y sigues todos los consejos anteriores, podrías ahorrar unos 12.000 dólares al año. Si lo inviertes a una tasa de rentabilidad histórica del 10%, tus ahorros empezarán a acumularse rápidamente. En lugar de la deuda, apuesta por el fondo de emergencia y ahorra.

Pequeños recortes para grandes ahorros

Inclina la rueda de la creación de riqueza a tu favor.

Naturalmente, gastar menos es una forma de hacerlo. Sin embargo, para asegurarse de que su dinero trabaje más para usted, fíjese objetivos para asegurarse de que así sea.

Muchos se han preguntado cuál puede ser la forma infalible de crear riqueza. ¿Es comprar las acciones de

Internet mejor pagadas o trabajar para una startup tecnológica que te ofrezca valiosas opciones sobre acciones? ¿Es el truco contar hasta el último céntimo o el camino hacia la riqueza está empedrado de riesgos? ¿Hay que ser especialmente inteligente y estar bien conectado? ¿O hacerse rico es cuestión de suerte?

La respuesta es: No existe un único y verdadero camino hacia la riqueza, y todos los anteriores han creado riqueza para más que unos pocos individuos notables. No obstante, usted puede poner las probabilidades de crear riqueza de su lado siguiendo unos sencillos preceptos.

1. Gasta menos de lo que ganas.

Este puede ser el escenario que más se pasa por alto, porque mucha gente cree que se trata de recortar el nivel de vida actual, una estrategia que resulta demasiado difícil para muchas personas. Sí, puedes influir en tu balance personal gastando menos dinero en comer fuera o en salir a divertirte.

Preparar una cafetera en la oficina en lugar de comprar un espresso de 3 $ supondrá una pequeña diferencia en tu flujo de caja. Sin embargo, la mayor diferencia se producirá en el lado de los ingresos del libro mayor.

· · ·

Si desea emprender el camino correcto hacia el ahorro, deje de considerar su presupuesto como un pastel que debe cortar en trozos de distintos tamaños. En lugar de intentar averiguar cómo los distintos trozos cubrirán tus gastos, concéntrate en cómo ampliarás el tamaño del pastel. Sí, puedes pedirle un aumento a tu jefe. Al mismo tiempo, piensa cómo puedes empezar a ganar más dinero aparte.

Empieza a pensar en cómo endulzar el pastel existente.

Piensa en cómo empleas tu tiempo y tu dinero. Quizá en lugar de salir con la familia este fin de semana, podrías ganar 80 dólares más trabajando de camarero o barman.

En lugar de llevar a los niños de compras al centro comercial, podrías trabajar como dependienta ganando un dinero extra.

Si no quieres trabajar todos los fines de semana, piensa en empezar trabajando un fin de semana sí y otro no.

· · ·

En lugar de pagar a una canguro mientras asistes a un concierto, cuida de otros niños el sábado o el domingo, liberando así a los padres que trabajan para que puedan hacer sus recados. Cuando te toque trabajar un fin de semana, haz un cambio. Así ahorrarás tiempo y dinero.

Entonces, en lugar de gastar el dinero extra que ganas con tu trabajo a tiempo parcial, puedes invertirlo para que el dinero trabaje para ti. Cuando lo hagas, aprenderás a apreciar mucho más tu tiempo libre.

2. Haz que tu dinero trabaje para ti.

El secreto definitivo del éxito financiero reside en hacer que su dinero haga el trabajo, para que usted pueda relajarse. Para ello es necesario acumular suficientes dólares de inversión para que el crecimiento y las ganancias le liberen de la necesidad de trabajar aún más. Lo último que querrá hacer es fichar.

Muchas personas muy ricas siguen trabajando simplemente porque disfrutan mucho con lo que hacen. También redefinen el trabajo para incluir la gestión de su dinero. Para los ricos, ambas cosas pueden ir de la mano.

· · ·

Allá donde vayas oirás: "Nunca llegaré al punto en que no tenga que volver a trabajar porque no puedo permitirme ahorrar dinero hoy". Estas personas pasan por alto el poder del interés compuesto.

Todo trabajador con rentas del trabajo tiene ahora derecho a abrir una cuenta IRA no deducible o, mejor aún, una Roth IRA. La aportación máxima de 3.000 dólares al año supone un coste de 57,69 dólares a la semana. Cualquier persona trabajadora es capaz de alcanzar este objetivo.

Además, una inversión anual de 3.000 dólares en una cuenta Roth IRA, que crece libre de impuestos al 10,6% de media histórica en el mercado de valores, se convierte en más de 500.000 dólares en 30 años. Si empiezas a los veinte años y pones 3.000 dólares en esa misma cuenta Roth IRA cada año, al 10,6%, podrías tener unos ahorros de casi 5,2 millones de dólares a los 70 años, según la Calculadora de Ahorros de MSN Money. Incluso con una rentabilidad anual del 8%, acabarías con 1,9 millones de dólares.

3. Asegúrate de que tu dinero trabaja a tu favor, en lugar de en tu contra.

Su dinero puede trabajar muy poderosamente para usted si toma las decisiones correctas y aplica un plan de inversión regular. Al mismo tiempo, las decisiones monetarias equivocadas pondrán profundos baches en tu camino hacia el éxito.

El ejemplo clásico es la deuda de las tarjetas de crédito.

Consideremos el ejemplo de una persona que carga 2.000 dólares en una tarjeta de crédito con un interés del 19,8% y una cuota anual de 40 dólares. Si sólo realiza los pagos mínimos mensuales (y mucha gente hace exactamente eso), ¡tardará 31 años y dos meses en saldar el saldo! Además, por el camino, pagarás 8.202 dólares más en gastos financieros.

Es una lógica absurda.

¿Qué puede ser tan importante para cobrar hoy que te endeude durante un periodo mucho más largo del que probablemente dure el objeto? (Claro, una hipoteca dura 30 años, pero los intereses son deducibles y tu casa debería aumentar de valor durante ese tiempo). La mayoría de las cosas que quiere cargar en su tarjeta tienen una vida mucho más corta. Para muchos, pueden prescindir por completo de esa única compra.

Si ya estás endeudado, con sólo duplicar el pago mensual mínimo podrías salir de deudas en menos de tres años.

Pagar la deuda actual es la forma más inteligente de iniciar el camino hacia la libertad financiera.

4. Mantén bien cerrada esa cartera

Si examina detenidamente su nómina, se dará cuenta de que hay muchas deducciones antes de llegar a la cantidad que puede cobrar o ingresar en el banco. Seguro que hay deducciones por Seguridad Social, impuestos federales y quizá estatales sobre la renta.

Es dinero que sale de tu sueldo antes de que tengas la oportunidad de tomar decisiones sobre él. El dinero reservado para acumular riqueza debe tratarse exactamente de la misma manera. Si tu empresa ofrece un plan de jubilación 401(k), asegúrate de suscribir la máxima aportación posible.

. . .

Se descontará automáticamente de su nómina en cada periodo. (Y si tu empresa iguala total o parcialmente tu aportación, no apuntarte es como renunciar a dinero gratis).

Si no tenía la posibilidad de hacer deducciones automáticas a un plan de ahorro de la empresa o incluso a un plan de deducción en nómina de U.S. Savings Bonds, tendrá que crear su propio plan de ahorro automático. Pregunte si su empresa le ingresará la nómina directamente en su cuenta bancaria, o prométase a sí mismo que lo hará el día que reciba el cheque.

A continuación, suscríbase a un plan de deducción automática mensual con una empresa de fondos de inversión para crear depósitos regulares en una cuenta IRA.

Incluso puede establecer una deducción automática para los bonos de ahorro de EE.UU. en su sitio Web. El objetivo de todo esto es sacar el dinero de tu cuenta corriente lo antes posible, antes de que lo veas y lo gastes.

5. Crear objetivos de ahorro e inversión.

¿Le gustaría tener un millón de dólares a los 40 o 50 años, o cuando se jubile? Seguro que sí.

Empieza por fijarte tus propios objetivos. Nunca te fijes un objetivo que no puedas controlar. Tus objetivos no pueden depender de que tu jefe te suba el sueldo; deben ser alcanzables por tu propio esfuerzo. Puede que tengas que invertir en ti mismo adquiriendo más educación o formación para poder optar a un trabajo mejor pagado.

Puede que tengas que asumir más riesgos en tus inversiones o en tu estilo de vida aceptando un segundo trabajo que pague comisiones en lugar de un sueldo fijo. Evalúa los riesgos que conlleva y comprende que, poniendo las probabilidades de tu lado, puedes obtener una mayor rentabilidad.

Estrategia monetaria de emergencia para hacer frente a las deudas, el estrés financiero y la familia

El estrés financiero es común entre quienes se ven forzados a la frugalidad a causa de la pérdida de un empleo, un divorcio, la muerte de un familiar, o verse superados por las deudas, etc. Esto puede hacer que una persona se sienta insegura, temerosa, ansiosa, enfadada y, por supuesto, deprimida.

Estos mismos sentimientos son fácilmente la causa número uno de las malas decisiones en la gestión del dinero. Estas malas decisiones conducen a un endeudamiento inmanejable y a un círculo vicioso de pánico que parece no acabar nunca.

Cuando llegas a este punto, y te encuentras con una emergencia económica, tus sentimientos de impotencia pueden llegar a ser tan abrumadores que literalmente dejas de funcionar en el mundo real.

Obtenga ayuda inmediata

Si reconoces alguno de los rasgos anteriores en ti, busca la ayuda que necesitas de inmediato.

Acude a un consejero profesional... habla con un amigo o familiar... ¡pero habla con alguien! Si conoces a alguien que presenta los rasgos anteriores, ofrécete a ayudarle. No importa si le prestas dinero, si le escuchas, si le ofreces un consejo útil o si le ayudas a buscar ayuda psicológica, ¡haz algo!

Lo primero que tienes que comprender es que ninguna situación es desesperada. Con un poco de orientación y paciencia, junto con un par de objetivos bien pensados y el apoyo emocional de familiares y amigos, puedes hacer lo que haga falta para salir de una situación desesperada.

Puedes adaptar una nueva perspectiva, nuevas habilidades y, lo mejor de todo, un nuevo sentimiento de autoestima. No permitas que nadie te diga lo contrario, y si lo hacen, cierra la misma puerta por la que entraron y no vuelvas a abrirla. Lo que necesitas es refuerzo positivo y no negatividad para ayudarte a llegar al otro lado.

Busca a tus verdaderos amigos

Cuando uno está desesperado por recaudar fondos de emergencia, no suele tardar mucho en darse cuenta de quién se preocupa de verdad por uno, quién es realmente un amigo... sea de la familia o no.

. . .

Tus amigos te apoyarán en los momentos de necesidad, te darán ánimos y te prestarán oídos para que puedas hablar.

Pide ayuda para que te den buenas ideas sobre cómo puedes recaudar fondos de emergencia en un momento tan difícil de tu vida. Esté abierto a las muchas sugerencias que recibirá.

Prepárese para establecer sus prioridades

Llega un momento en que tendrá que dejar a un lado sus sentimientos y concentrarse en su bienestar y el de su familia. Esta tiene que ser tu prioridad en tiempos de estrés y agitación financiera. En tiempos de estrés financiero, si tú, como madre o padre, no puedes afrontarlo, ¿cómo esperas que tus hijos puedan hacerlo ahora o en el futuro? Debes dar ejemplo al resto de la familia para que saquen fuerzas de ellos.

Así que decídase hoy mismo a aprender a sobrellevar la situación, a hacer los cambios que pueda, a mantenerse centrado y orientado hacia sus objetivos, y a dejar que la ansiedad y el estrés financiero salgan por la puerta para estar preparado para hacer frente a cualquier emergencia monetaria que se le presente.

Para recuperarse de una emergencia monetaria, debe ser capaz de conseguir dinero rápido (sin necesidad de pedir prestado):

Consejo presupuestario n° 1: Lo primero que debe hacer es establecer prioridades para volver a la normalidad rápidamente. Si eso significa dejar pasar un tiempo sin pagar la factura de la tarjeta de crédito, que así sea. En cuanto te des cuenta de que tienes una emergencia económica, ponte en contacto con los emisores de tu tarjeta de crédito y solicita una reducción de los tipos de interés y de los pagos. No sólo uno, ¡ambos!

Consejo presupuestario n° 2: Para el pago de su coche, llame al acreedor y solicite una prórroga de pago. Tal vez odies las prórrogas de pago, porque exigen una comisión y aún así tienes que hacer el pago al final del contrato. En este caso, una prórroga de pago puede darte un pequeño respiro que te ayude a recuperarte durante tu emergencia económica.

· · ·

Ten en cuenta que es probable que tengas que pagar una comisión (normalmente entre ¼ y 1/3 del importe del pago del coche) por la prórroga. Liberar el dinero que necesitas hoy es tu primer y único objetivo en este momento.

Consejo presupuestario n° 3: Compruebe si el titular de su hipoteca le permite una prórroga por un precio simbólico. Hágalo hoy mismo.

Consejo presupuestario n° 4: Otra solución rápida es organizar una venta de garaje in situ. No tienes mucho tiempo para planificarlo, así que haz un rápido inventario de tus pertenencias. Recoge la ropa que ya no te sirva, pero que esté en buen estado, los cachivaches, los platos y los libros, así como las cosas que compraste pero ya no utilizas. Tíralo todo junto, rápidamente. Pon algunos anuncios el mismo día en lavanderías y tiendas de comestibles de la ciudad, y acuérdate de colocar un cartel al final de la entrada de tu casa. De esta forma puedes ganar rápidamente 300 $ con muy poco tiempo y esfuerzo.

Consejo presupuestario n° 5: Si tiene que vender un artículo grande, llame a las emisoras de radio locales para ver si tienen un programa de intercambio los fines de semana. Se trata de una forma muy popular de convertir rápidamente artículos poco usados y más caros en dinero rápido.

Consejo presupuestario nº 6: Otra opción rápida es con las facturas de servicios públicos y teléfono. Si aún no está en un plan de presupuesto, pida que la factura actual (más cualquier saldo anterior que deba) se incluya en un plan de presupuesto. Prevea un pago inicial (normalmente ¼ de la factura) y que todas las facturas futuras (mientras esté en el plan presupuestario de pago retroactivo) deben mantenerse al día. Lo bueno de esto es que no suele tener intereses y puede darte el respiro que necesitas durante un mes.

Sin embargo, debes asegurarte de que mantienes los pagos regulares de los servicios públicos y los pagos del presupuesto en el mes siguiente.

Consejo presupuestario nº 7: Consulte a la iglesia de su familia sobre la ayuda de emergencia. Las iglesias locales pueden ser uno de los mejores lugares para averiguar qué hay disponible en la comunidad para ayudar a los necesitados o en tiempos de emergencia. Consulte primero con su iglesia local.

. . .

Conseguir dinero rápido mediante préstamos

Si te encuentras en un aprieto absoluto, una verdadera emergencia de liquidez, y has agotado todas las posibilidades anteriores, considera la posibilidad de pedir un préstamo. Primero pregunta a tu familia y luego al banco.

Como último recurso, puede considerar lo que se conoce como "Préstamo de día de pago". Este tipo de tiendas de préstamos pueden ser útiles cuando todo lo demás falla.

7

Lecciones oportunas sobre la vida sencilla

PLANIFICAR una emergencia económica requiere mucha previsión. Es mejor empezar a planificar ahora que tener que apresurarse para conseguir el dinero cuando más se necesita.

Adaptar el pensamiento estratégico.

Reprograme ahora su mente para convertirse en ahorrador

Una vida sencilla permite ahorrar millones
    Recuérdate a ti mismo que puedes hacer con menos

Toma la decisión consciente de vivir ligero.

Presupuesto para toda la familia

Estrategias para elaborar su primer presupuesto

Mejor gestión del dinero

El primer paso para tomar mejores decisiones a la hora de gastar nuestro dinero o nuestro tiempo es vivir y actuar conscientemente y examinar los hábitos diarios de dinero y trabajo.

La vida sencilla es en gran medida una cuestión de tomar mejores decisiones en la vida: sobre cómo gastamos, consumimos, creamos comunidad y pasamos nuestro tiempo libre.

No se trata simplemente de consumir menos. Se trata de consumir de forma más inteligente o diferente.

No debemos dar palos de ciego en materia de consumo.

Di no a las compras impulsivas

Si ves algo que quieres, déjalo a un lado y piénsatelo al menos un par de días. Lo más probable es que se te pase el impulso.

. . .

Busca otras fuentes de entretenimiento

Encuentra formas de socializar y crear tu propio entretenimiento que no giren en torno a costosas fichas de restaurante o entradas para eventos.

Pasar tiempo en silencio

El tiempo de silencio te ayuda a recargar tus baterías espirituales y te da el tiempo que necesitas para reflexionar sobre la vida y tomar mejores decisiones.

Recuerde que, después de todo, el tiempo es oro

La cuestión del tiempo va a ser aún más importante que la del dinero. Como sociedad, hemos llegado a la conclusión de que el tiempo es dinero. Ambos están estrechamente relacionados. Gasta el tiempo sabiamente.

Consejos diarios para ahorrar dinero

. . .

Cómo ahorrar dinero en gasolina

Los precios de la gasolina siguen subiendo, y nuestras carteras siguen disminuyendo de tamaño. Este tutorial te enseñará muchas formas de ahorrar dinero en la gasolinera.

Primer paso. Saca una tarjeta de crédito. Algunas tarjetas de crédito ofrecen descuentos en gasolina cuando se utiliza la tarjeta para hacer compras.

Esto funciona de forma muy parecida a como algunas compañías de tarjetas de crédito te dan millas de viajero frecuente cuando utilizas su tarjeta para hacer compras.

2. Consigue un carné de socio del gas. Busque las ventajas de ser socio. Además, los grandes almacenes y las tiendas de comestibles ofrecen descuentos en el surtidor de gasolina cuando utilizas sus tarjetas de socio. Comprando en el supermercado Giant Eagle y utilizando su tarjeta de socio, es posible (en el momento de escribir esto) llenar el depósito de un coche por 0,79 céntimos el galón, con un ahorro de 1,36 dólares por galón.

· · ·

3. Pon a punto tu coche. Aunque poner a punto tu coche no te ahorrará dinero en el surtidor, sí que te ahorrará en gasolina. Usar menos gasolina te ahorra dinero en general. Haga que le cambien el aceite y que un mecánico certificado revise su motor dos veces.

4. Busca ofertas en Internet. Los sitios web te permiten encontrar las mejores ofertas de tu zona.

5. Compra un coche híbrido. Los coches híbridos no sólo te proporcionan un ahorro inmediato en el surtidor, sino que el gobierno de EE.UU. y tu estado local ofrecen desgravaciones fiscales a las personas que utilizan coches que ahorran gasolina.

Las deducciones federales por usar coches que ahorran gasolina pueden llegar a los 2.000 dólares. Si no puedes permitirte el creciente número de coches híbridos que existen, considera la posibilidad de comprar un coche normal con buenas MPG (millas por galón), como el Toyota Echo.

6. Apaga el aire acondicionado. El aire acondicionado pone a prueba el motor del coche. Esto se traduce en que tu coche consume más gasolina por kilómetro. Usa menos gasolina, ahorra dinero. Dependiendo del coche que

conduzcas, a velocidades de autopista, el aire acondicionado puede suponer menos carga para tu coche que si tienes todas las ventanillas abiertas. Por lo tanto, es posible que desee mantenerlo fresco en la carretera.

7. Usa la más barata. La mayoría de los coches modernos funcionan igual de bien con la gasolina barata que con la más cara. De hecho, los ingenieros dan por hecho que el comprador va a utilizar la gasolina barata y diseñan el motor en consecuencia.

8. No llenes el depósito cuando suban los precios. Los proveedores de gasolina y los propietarios de gasolineras pueden cobrar precios altos por la gasolina porque saben que la gente pagará por ella. Los propietarios controlan la cantidad de gasolina que la gente echa en sus coches cada día.

Si suben el precio unos céntimos y la gente sigue llenando el depósito, saben que la gente está dispuesta a pagar ese precio. Echar sólo unos pocos litros en el coche cuando los precios son altos envía a los propietarios el mensaje de que la gente no está contenta con los precios altos.

· · ·

9. No conduzcas. No conduzcas cuando no sea absolutamente necesario. Compartir coche, caminar, coger el autobús y montar en bicicleta no sólo te ahorra gasolina, sino que es mejor para el medio ambiente y puede ser mejor para tu salud. ¿De verdad necesitas ir en coche a la tienda cuando está a un par de manzanas?

10. Compruebe semanalmente la presión de aire de los neumáticos. Compre una bomba de aire manual barata y un calibrador de neumáticos preciso (no un calibrador de lápiz, ya que no son precisos). Mantenga todos los neumáticos inflados a la misma presión recomendada para su coche pero no para su neumático. Fíjate en la pegatina del marco de la puerta y no en la pared del neumático.

11. Conduce a una velocidad constante y mantén las ventanillas bien cerradas. Mantener las ventanillas cerradas reduce la resistencia aerodinámica de tu coche. Respetar el límite de velocidad también ayuda. También lo hará cambiar menos de marcha y revolucionar menos el motor. Evita acelerar rápido o frenar bruscamente. Utiliza el control de crucero siempre que puedas.

12. Limpia tu coche de objetos innecesarios. Si tienes objetos pesados en el coche que no necesitas, quítalos. Si

tu coche es más ligero, consumirá menos combustible para llevarte a tu destino.

13. Evita dejar el coche al ralentí. Si vas a estar parado más de un minuto, ahorrarás gasolina apagando el coche y volviendo a arrancar cuando estés listo para salir.

14. Compre en los días fríos. Compre combustible los días fríos y, si puede, conduzca los días calurosos. Cuando compras en días fríos, y pagas por volumen, compras más "masa" de combustible por el mismo precio. Nunca llenes el depósito por completo o rebosará cuando haga más calor.

Soluciones más sencillas para gestionar su dinero

Admitámoslo, idear formas inteligentes y sencillas de ahorrar dinero requiere un pensamiento un poco más creativo. Utiliza algunos de estos atajos para gestionar tus finanzas. Te garantizamos que ahorrarás tiempo y dinero. Engaña a tu mente para que ahorre. ¿No siempre se te ocurre adónde va tu dinero? Hay una solución sencilla: engaña a tu mente para que gaste menos y ahorre más. Si está dispuesto a enfrentarse a un reto, asígnese una asignación semanal. Pon una cantidad fija en un sobre y determina que eso será todo lo que podrás gastar en una semana.

A continuación, divídela para hacer frente a tus gastos. Cuando te queden 20 dólares, esa es la cantidad que debes destinar a tu fondo de emergencia. Cuando se acabe el dinero, no habrá más hasta la semana siguiente. Cada día de paga, destina un porcentaje a un fondo secreto utilizado sólo para emergencias. Cuando llegue la hora de la verdad, sabrás que está ahí. Establece un cajón de la cómoda sólo para meter billetes de un dólar. De este modo, cuando llegue el repartidor de pizzas, tendrá los billetes sencillos a mano y no tendrá que romper los de mayor valor. Esta disciplina obliga a tu mente a pensar en cantidades mayores y a ahorrar cantidades mayores. Te acostumbras a gastar sólo los billetes sencillos. Esto funciona.

Para controlar la deuda de tu tarjeta de crédito, lleva una sola tarjeta y págala todos los meses. Si tienes la tentación de gastar más de la cuenta, guarda la tarjeta de crédito en la caja fuerte, donde sólo guardas tu fondo de emergencia.

. . .

Cuando llegue el día de la crisis, tendrás una tarjeta de crédito que podrás utilizar y que siempre estará en buen estado. Anota los gastos en un cuaderno y cuéntalos al final de cada semana para ver si estás por encima o por debajo de las estimaciones de tu presupuesto. Prevea más de lo que necesita para tener siempre un colchón en caso de emergencia.

Hacer un seguimiento de tus gastos requiere cierto trabajo, pero si tomas notas con cuidado, siempre podrás ver una o dos áreas en las que estás perdiendo dinero. Así podrás ahorrar 20 dólares o más a la semana. Eso son 1.000 dólares al año en dinero real para un fondo de emergencia.

Más trucos para añadir a tu propia rutina de ahorro:

Haz que te ingresen automáticamente la nómina directamente en la cuenta de ahorros en lugar de en la cuenta corriente. Transferirás dinero para pagar tus facturas, pero te lo pensarás dos veces antes de retirar efectivo adicional.

SÓLO retire dinero del cajero automático una vez a la semana. Sustrae inmediatamente las compras con tarjeta de crédito de tu cuenta corriente para no llevarte sorpresas cuando llegue la factura.

Cuando liquide un préstamo, añada el importe a los pagos que ya esté haciendo al siguiente prestamista de su lista.

También puedes enviar el dinero a una cuenta de ahorro o inversión destinada a una casa, unas vacaciones o un coche nuevo, y este dinero estará disponible en caso de emergencia monetaria.

Pague sus facturas por Internet y ahorre

Probablemente, la forma más sencilla de pagar las facturas por Internet es utilizar un servicio seguro y encriptado, ofrecido por bancos, cooperativas de crédito, corredores de bolsa y empresas como AOL, MSN, Quicken o Yahoo. Solicite un recordatorio por correo electrónico del vencimiento de una factura. El servicio puede gestionar los pagos de forma totalmente electrónica o generar un cheque en papel, si es necesario, para pagar al chico que corta el césped, por ejemplo.

· · ·

Si un pago se retrasa, muchos servicios de pago de facturas te reembolsarán los gastos de demora hasta una determinada cantidad (a veces hasta 50 $), siempre que hayas programado el pago dentro de sus directrices.

El pago de facturas en línea también le ayuda a mantener organizadas sus finanzas. Tendrás todos tus documentos - lo que debes, los pagos anteriores- en un solo sitio.

Wells Fargo va un paso más allá: Sus clientes de banca online tienen acceso a My Spending Report, que pueden utilizar como presupuesto de facto.

My Spending Report hace un seguimiento de los pagos de facturas por Internet y de los cargos de las tarjetas de débito y crédito de Wells Fargo, y los incluye en una de las 20 categorías para que pueda ver cuánto ha gastado en, por ejemplo, películas y comidas en restaurantes.

Además, por supuesto, puedes hacer un seguimiento de tus gastos utilizando Microsoft Money o Quicken. Con Quicken 2006, una vez que pagas una factura no hay necesidad de imprimirla y archivarla. En su lugar, puedes adjuntar la factura electrónicamente a la cuenta desde la que realizaste el pago, para tenerla siempre a mano.

Recompénsese

¿Está intentando averiguar qué tarjeta de crédito ofrece el mejor reembolso? La solución es sencilla: Coge el dinero y corre.

No podría ser más fácil. Con un reembolso en efectivo, usted recibe un cheque por correo o un crédito en su extracto, por lo que no tiene que sopesar los beneficios relativos de las millas de avión frente a un nuevo juego de maletas. Para encontrar las mejores ofertas, hemos simplificado el proceso suponiendo que gasta 33 $ en gasolina a la semana, 100 $ a la semana en alimentación y 1.000 $ al mes en otras compras.

Tops es la tarjeta Citi Dividend Platinum Select. Cobra un 11,74% y ofrece rebajas del 5% en compras en supermercados, farmacias y gasolineras y del 1% en todo lo demás. Sin embargo, Citi limita el reembolso anual a 300 dólares, cantidad que alcanzaría en unos ocho meses según nuestra hipótesis (en ese momento podría cambiarse a otra tarjeta). Quedan exentos de este límite los productos adquiridos a través de la Red de Comercios Dividendos de Citi, que incluye más de 200 comercios, catálogos y sitios de Internet. Esas compras obtienen descuentos de entre el 5% y el 7%.

La siguiente es la tarjeta Visa National City Everyday Rewards Elite, con la que obtendríamos un reembolso de 270 $ al gastar durante todo un año. National City es la única que agrupa restaurantes y tiendas de comestibles en una sola categoría, con descuentos del 2%. Con un tipo de interés del 10,49%, la tarjeta bonifica un 4% en gasolina, un 3% en cine y hasta un 1% en todo lo demás. La tarjeta American Express Blue Cash tiene un tipo de interés del 11,24%. Te bonifica hasta un 5% en compras de alimentación, gasolina y farmacia, y hasta un 1,5% en el resto de gastos, hasta un gasto máximo de 50.000 $. Reembolso total en nuestro ejemplo: 266 $.La tarjeta Capital One No Hassle Cash ofrece un reembolso de hasta el 3% en gasolina y comestibles y del 1% en todo lo demás que compre, sin límite de dólares y con un tipo de interés relativamente modesto del 9,9%. En nuestro caso, obtendrías una recompensa anual de 237 $.

La tarjeta Chase Free Cash Rewards Platinum Visa, que tiene un tipo de interés del 11,99%, le da un punto por cada dólar gastado en compras (con un límite de gasto de 60.000 $). Además, tiene una interesante particularidad: una bonificación de un punto por cada dólar que pague en intereses. Cada vez que acumule 2.500 puntos, recibirá un cheque de 25 $. Sin la bonificación de intereses, tendría derecho a un reembolso de 189 $, por lo que la tarjeta es más atractiva para los usuarios que suelen tener saldo.

Múltiples maneras de aprovechar al máximo una prima de fin de año

Si dispone de una buena cantidad de dinero extra cada año, piense ahora en la mejor manera de ponerlo a trabajar para usted.

Puede que este año tengas suerte. Has solicitado ese gran ascenso mejor pagado y esto aumentará tu paga mensual en 500 dólares. Quieres asegurarte de que el dinero se destina a construir un futuro mejor en lugar de malgastarlo en cosas que no necesitas.

Eso es lo bueno de recibir un aumento de sueldo o una paga extra a final de año: es una de las pocas oportunidades de hacer un gran cambio en tus finanzas sin tener que hacer sacrificios.

Ya has estado viviendo sin el dinero, así que puedes tomarte la medicina financiera que necesites sin alterar tu estilo de vida actual.

Triaje financiero Considera en primer lugar que todo el dinero extra debe utilizarse primero para solidificar tu base.

A continuación, salda todas las deudas de tarjetas de crédito. Esto puede tener un efecto dominó gigantesco en el resto de tus finanzas. En cuanto dejes de pagar los intereses más altos cada mes, tendrás más dinero para dedicar a otros objetivos.

Acumula fondos para emergencias, si no tienes ya entre tres y seis meses de gastos en una cuenta líquida y segura. Así no tendrás que endeudarte ni recurrir a tus ahorros a largo plazo para hacer frente a facturas imprevistas cuando lleguen las grandes emergencias.

Añada aportaciones a su fondo de jubilación voluntario, si no ha llegado al límite. Evitará pagar más impuestos por el dinero extra, y puede ganar dinero gratis si obtiene una aportación equivalente de la empresa. También puede invertir parte de su bonificación en su cuenta IRA si no ha aportado 3.000 $ en 2004 (3.500 $ si tiene 50 años o más).

Si ya ha alcanzado ese límite, utilice su paga extraordinaria para hacer su aportación a la cuenta IRA de 2005 en enero (el límite aumenta a 4.000 $ el año que viene, 4.500 $ si tiene 50 años o más) o destine una parte mayor de su aumento cada mes.

Echa un vistazo a esa deuda a largo plazo. Ahora que has reforzado tu base financiera, tienes más flexibilidad. Watson ya está en buena forma -está maximizando sus aportaciones al 401(k) y al Roth IRA-, pero aún tiene unos 17.000 $ en préstamos estudiantiles que penden sobre su cabeza. Los préstamos tienen un tipo de interés bajo, del 3,5%, por lo que está tratando de elegir entre añadir los 500 dólares mensuales a los pagos de sus préstamos o invertir el dinero extra. Con tipos de interés tan bajos, pagar el préstamo no tiene por qué ser una prioridad. "Si puedes ganar al menos un 3,5% en el mercado, y yo creo que puedes, entonces invertir es el mejor camino a seguir", dice Brian Jones, planificador financiero certificado en Fairfax, Va. Invertir es aún más importante si se necesita ahorrar para un objetivo a corto plazo, como la compra de una casa.

Sin embargo, no pasa nada si prefieres pagar un préstamo estudiantil para quitártelo de encima. "Psicológicamente, es importante dejar atrás estas deudas antes de empezar a avanzar", dice Mari Adam, planificadora financiera certificada en Boca Ratón, Florida. "Conozco gente de 30 años que todavía tiene grandes préstamos, y esa deuda se convierte en una bola y una cadena alrededor de su pierna. "Lo mismo ocurre si estás pensando en dedicar parte de tu aumento de sueldo a hacer pagos extra de la hipoteca.

Eliminar el pago de la hipoteca también puede ayudarle si va a jubilarse pronto o le preocupa perder su trabajo, dice un planificador financiero de Paoli. Sin embargo, no conviene inmovilizar demasiado dinero en una sola inversión. Para una mejor diversificación, podrías dedicar parte de tu aumento o paga extra a tu hipoteca y luego invertir el resto. No olvide darse un capricho.

Es hora de divertirse y te lo mereces. Has trabajado duro para conseguir tu paga extra o tu aumento de sueldo, así que sal y diviértete. Puedes crear un fondo de vacaciones.

Utiliza parte de tu dinero extra de hoy para pagarte el viaje que siempre has deseado. Sólo tienes que ahorrar 310 $ al mes en una cuenta de ahorros al 2% para acabar con 5.000 $ para la primavera de 2006 en Italia. Imagínese pasar la primavera en Italia. Eso sí que serían unas vacaciones.

Gaste dinero en su casa. Muchas mejoras en el hogar pueden ahorrarte mucho dinero a largo plazo. Por ejemplo, piense en el valor de las ventanas y contraventanas resistentes a las tormentas. Gastar unos miles de dólares más ahora no sólo ayuda a proteger tu casa, sino que también puede aumentar su valor y reducir las primas de tu póliza de vivienda. Esto es planificación inteligente.

Una última idea es crear un fondo benéfico. Con 10.000 dólares, puede crear un fondo asesorado por donantes en muchas empresas de fondos de inversión y sociedades de corretaje. Así podrá deducir las aportaciones en su declaración de la renta y decidir después a qué organizaciones benéficas quiere ayudar.

Algunas estrategias de ahorro útiles

. . .

1. No pagues ni un céntimo por nada que puedas hacer o arreglar tú mismo.

2. Prolonga la vida de lo que poseas.

3. Utiliza menos de lo que necesitas.

4. Piensa de forma creativa. La respuesta no tiene por qué ser "cómprate uno nuevo".

5. No tires nada si se puede reutilizar o reciclar de algún modo.

Podrías poner en práctica estos valores pioneros y probados ahora. Si realmente quieres ahorrar dinero, no puedes limitarte a buscar formas de ahorrar ahora. Tienes que mirar tu vida, hoy.

8

Formas sencillas de traer calma y ahorro a tu vida

AHORRAR ES MUCHO MÁS que una acción: es una forma de vivir, día a día. Empieza a tranquilizarte reduciendo primero el ritmo. Sea lo que sea en lo que estés trabajando ahora, deja de hacerlo. Dedica los próximos 30 minutos al día al silencio y la soledad. Tienes que enseñar a tu mente a relajarse, para poder salir de la rutina de trabajar y gastar y centrarte en lo que es más importante para ti.

Un corazón tranquilo es un corazón ordenado. Ha llegado el momento de hacer limpieza. Empieza hoy mismo dedicando 15 minutos al día a revisar un armario, una estantería o un cajón y deshazte de todo lo que no utilices o no aprecies. Una vez que empieces a deshacerte de estas cosas superficiales, las habilidades y la mentalidad se trasladarán a áreas más complejas como el trabajo, el dinero y las relaciones.

Ha llegado el momento de aprender lo que es suficiente. Tener calma y ahorrar consiste realmente en transformar tu vida de forma consciente y deliberada. Es determinar qué es suficiente en tu vida, para que puedas hacer más con aún menos.

Por último, busca un buen apoyo, tanto si intentas ahorrar dinero como simplificar tu vida.

No lo haga solo. Con un pueblo endeudado en 2 billones de dólares, seguro que no estás solo en tu deseo de ahorrar dinero. Busca un amigo que te ayude a empezar y ponte manos a la obra. Te alegrarás de haberlo hecho.

Recorta tu factura de la luz en 6 sencillos pasos

Gastar mucho para ahorrar unos céntimos no tiene mucho sentido, pero si ya está buscando un nuevo electrodoméstico, considere la Web como su primera línea de defensa para ahorrar energía.

. . .

Tal vez no tuvieras tanta conciencia ecológica hasta que recibiste en tu buzón esa factura de la luz. Ha llegado el momento de ser consciente de lo que hay de verde en tu cartera y ahorrar energía al mismo tiempo.

Para empezar, basta con desenchufar los aparatos que no se utilicen, bajar la temperatura del calentador de agua eléctrico a 120 grados F, lavar sólo cargas completas de vajilla y secarlas al aire.

Al mismo tiempo, eche un vistazo a las calculadoras gratuitas en línea para obtener consejos personalizados para mejorar la eficiencia energética de su hogar en Home Energy Saver, un sitio web patrocinado por la Agencia de Protección Ambiental de EE.UU. (EPA) y el Departamento de Energía (DOE).

Gastar cientos de euros para ahorrar unos céntimos no suele tener sentido, pero si ya está buscando un nuevo electrodoméstico o incluso bombillas, considere la Web como su primera herramienta para ahorrar energía.

. . .

Piense en la climatización

Según la Red de Energías Renovables y Eficiencia Energética (EREN) del Departamento de Energía de Estados Unidos, un hogar típico utiliza la mayor parte de su energía para calefacción y refrigeración: hasta el 44% de su factura de servicios.

Instale un termostato programable. Esto puede reducir el derroche de energía al calentar o enfriar una casa cuando no hay nadie en casa o todos duermen.

Según el sitio web Home Energy Saver, los termostatos programables Energy Star pueden ahorrar entre un 20% y un 30% de los costes de calefacción o refrigeración al permitir múltiples ajustes diarios y ajustarse automáticamente cuando cambia la temperatura exterior. Entre los fabricantes participantes se encuentran Honeywell, Hunter Fan y Smart Systems International. Desgraciadamente, no es fácil buscar termostatos programables según su clasificación Energy Star. En su lugar, busque los que tengan las características típicas de los termostatos Energy Star: sistemas de recuperación de temperatura, dos programas y cuatro ajustes de temperatura.

. . .

Piense en ventiladores de techo

Cuando mueves el aire, tiendes a sentirte más fresco. Esto permite ajustar más alto el termostato en verano. Según EREN, el efecto es equivalente a bajar la temperatura del aire unos 2 °C (4 °F) y consumir menos energía que los aparatos de aire acondicionado.

Piensa en la iluminación, la cocina y otros electrodomésticos

Después de la climatización, la iluminación, la cocina y otros electrodomésticos son los que más energía consumen en el hogar. Sin contar el frigorífico, representan el 33% de la factura de la luz.

Piense en lámparas fluorescentes compactas (CFL)

Las CFL consumen hasta un 75% menos de energía que las bombillas incandescentes estándar y duran hasta 10 veces más, según Home Energy Saver. Esto está muy bien, porque también son más caras para empezar. Pide

ideas a tu compañía eléctrica. Busca un "kit de conserva-
ción" gratuito que contenga, entre otras cosas, dos bombillas fluorescentes compactas. Esto, por supuesto, ¡es un
trato estupendo!

Piense en electrodomésticos de bajo consumo

Use el sitio de Energy Star como punto de partida para
buscar lavadoras Maytag. Busque el modelo Atlantis
MAV9600 de alta eficiencia por $689 en Best Maytag.
Entre los electrodomésticos, el frigorífico es probablemente el que más energía consume, sobre todo si tiene
más de 15 años.

Puede suponer hasta el 9% de sus costes energéticos.

Una vez más, consulte el sitio web de Energy Star para
obtener una lista de modelos energéticamente eficientes si
desea sustituir el suyo.

Calentamiento de agua

. . .

Calentar el agua es el tercer gasto energético doméstico más importante y suele representar entre el 14% y el 20% de la factura energética total.

Piense en chaquetas de agua caliente

Las chaquetas de agua caliente suelen venderse entre 10 y 20 dólares, y los gastos de envío por comprarlas online pueden aumentar fácilmente su coste en un 50% o más. Utiliza la Web para encontrar ofertas fuera de línea en este caso.

Piense en grifos y duchas aireados y de bajo caudal

Tanto el modelo Niagara como el AM Conservation aparecieron en varios sitios web sobre medio ambiente, incluido EnergyGuide, que también tenía el mejor precio para el cabezal de ducha Niagara ajustable en cuatro direcciones, 6,75 $.

Lo bueno de hacer pedidos en EnergyGuide es que busca automáticamente cualquier rebaja en función del código postal que introduzcas. Si estás pensando en comprar una casa nueva, puedes planificar el ahorro de energía desde el principio con un proyecto de construcción eficiente desde el punto de vista energético. Consulta las páginas web del DOE Building América y de la EPA para encontrar proyectos cerca de ti.

Buenas formas de encontrar dinero gratis

Si está cansado de hacer cambios en su estilo de vida para acomodar sus planes de ahorro, siga leyendo. Estas ideas te llevarán a lugares privilegiados donde buscar dinero que ya es tuyo por derecho.

A algunas personas no les interesa cambiar su forma de vida para ahorrarse unos 5 o 10 dólares. A esas mismas personas les cuesta creer que cantidades tan pequeñas puedan suponer una diferencia significativa en sus resultados.

Prefieren permitirse un pequeño lujo diario, como disfrutar de una taza de café expreso cada día, antes que apretarse el cinturón por lo que consideran un mísero ahorro.

Para todos los derrochadores de corazón, he aquí algunas

formas concretas de ahorrar en cosas que ya estás pagando.

No hace falta que cambies tu estilo de vida ni tus hábitos en lo más mínimo. Piensa que es dinero que ya estás pagando de más a otros. Ponte manos a la obra y reclama tu dinero gratis.

Hablar por el móvil Pensabas que ibas a necesitar 2.000 minutos al mes, pero te has dado cuenta de que con 300 o incluso 200 te basta.

Si está a punto de finalizar su contrato, o si su proveedor de servicios está dispuesto a renunciar a la comisión por rescisión anticipada, pida que le cambien el contrato lo antes posible. Piensa en esto: El plan America 's Choice de 3.200 minutos de Verizon cuesta unos 200 dólares al mes; el plan America' s Choice de 400 minutos te costará sólo 40 dólares.

Siempre que no empieces a pasarte de minutos y a incurrir en costosos cargos por exceso, esto supone un ahorro de 160 dólares al mes, o 1.920 dólares al año. Incluso cambiando del plan America 's Choice de 1.100

minutos a 80 dólares, reducirás tu factura telefónica a la mitad con 480 dólares más en tu bolsillo.

Llamadas locales y de larga distancia: Si no utilizas todos los minutos de tu móvil cada mes con un plan que no te permite transferirlos, al menos puedes compensar los gastos de tu teléfono fijo con esos minutos que de otro modo desperdiciarías. ¿Ya lo haces? Prueba a combinar tus planes de llamadas locales y de larga distancia si sueles gastar más de 50 dólares al mes. Muchos planes combinados cuestan a partir de 50 dólares antes de impuestos y tasas, y te permiten hablar todo el tiempo que quieras sin tener que pagar facturas enormes. Pero calcula bien todo lo anterior.

Si tu consumo no es constante, pagarás la misma tarifa todos los meses, lo que significa que no habrá descansos por vacaciones, cuando tu consumo suele disminuir.

Su cuenta corriente: ¿Cuándo fue la última vez que miró las comisiones mensuales que su banco cobra por su cuenta corriente? Si te pasas a una cuenta sin intereses, puedes pagar mucho menos dinero y evitar comisiones más elevadas.

. . .

La encuesta anual de Bankrate.com sobre cuentas corrientes revela que las comisiones mensuales medias son de hasta 10,86 $ en las cuentas remuneradas, frente a los 3,72 $ de las cuentas corrientes normales. Tendrás que tener ahorrados 2.258 $ en esa cuenta remunerada para evitar las comisiones, frente a los 245 $ mínimos de la cuenta sin intereses. Entonces, ¿a qué está renunciando?

El rendimiento medio era de un mísero 0,27% en otoño de 2003, cuando se publicó el informe de Bankrate. Mientras tanto, si puede, intente planificar sus retiradas en cajeros automáticos. La comisión media que pagará por utilizar el cajero automático de otro banco es de 2,69 $: 1,40 $ para el banco del cajero y 1,29 $ para el suyo. Eliminar sólo una de estas retiradas a la semana puede ahorrarte unos buenos 140 dólares al año.

Su seguro: Puedes ahorrar en tus pólizas de seguro de varias maneras. Pida directamente descuentos a su proveedor de seguros: Además de los habituales descuentos por buen estudiante y seguridad en las pólizas de automóvil, solicita descuentos por pólizas múltiples si aseguras más de un vehículo. Aumenta las franquicias de los coches más antiguos o renuncia a la cobertura de colisión si el valor de tu coche es inferior a 1.000 dólares. Aumentar la franquicia de 200 a 500 dólares puede reducir la prima hasta un 30%, según Insure.com. Nunca pagues de más por los préstamos de tus tarjetas de crédito. ¿Crees que no merece la pena luchar por ese 2% o 3% en la TAE de tu tarjeta de crédito?

Piense en esto: Si eres un estadounidense medio, tienes una deuda de 8.940 dólares en tarjetas de crédito, según el servicio Card Data de CardWeb.com.

Con una TAE media del 16,44%, pagará 1.470 $ al año sólo en intereses.

Por cada 1% de reducción de la TAE, ahorrará 89 $. Sin embargo, la diferencia es mucho mayor a lo largo de toda la vida de su deuda. Calculando que puedes hacer pagos mensuales del 5% de tu deuda al mes, pagarás 3.334 $ en intereses totales con el tipo más alto. Sin embargo, con una TAE del 13,44%, habrás pagado 2.551 $, es decir, un 23% menos.

Además, muchas tarjetas tienen ventajas añadidas, como millas aéreas o, mejor aún, devolución de dinero. La tarjeta Blue Cash de American Express te devuelve hasta un 5% en efectivo; la tarjeta GM te devuelve un 5% en la compra o alquiler de un coche nuevo de GM. Con una deuda media por tarjeta de crédito de 8.940 $, el resultado es de 447 $.

Utilice el analizador de tarjetas de crédito de MSN Money para encontrar otras tarjetas de bajo interés y con devolución en efectivo. Además, puede consultar Card Web para obtener una lista de las recompensas mensuales que ofrecen las tarjetas de crédito.

La hipoteca. Su mayor potencial de ahorro aquí es deshacerse del PMI, o seguro hipotecario privado. El PMI protege al prestamista en caso de impago del préstamo.

Estás obligado a pagarlo mientras tu patrimonio neto se mantenga por debajo del 20%, pero una vez que superes ese umbral mágico, debes pedir a tu prestamista que elimine la cuota. De hecho, la ley establece que el prestamista debe suprimir la comisión una vez que el patrimonio neto supere el 22%, siempre que se trate de un préstamo convencional originado o refinanciado después del 29 de julio de 1999 y se tenga un buen historial de pagos. Sin embargo, si tiene un préstamo más antiguo, podría estar pagando esta tasa innecesariamente sin darse cuenta. Dependiendo del tamaño de su hipoteca, esto podría estar añadiendo cientos de dólares al coste de su hipoteca anualmente. Averígüelo hoy mismo.

Aproveche al máximo sus recursos actuales. Empieza por utilizar lo que tienes. ¿Ya paga por el acceso a Internet? El correo electrónico puede ser una buena forma de reducir los gastos de teléfono de larga distancia. Puede que no sea un sustituto de tus charlas semanales con papá, pero probablemente debería sustituir a las llamadas de "¿cuándo podemos volver a vernos? ¿Por qué gastar un dineral en buzones de voz?

Tómate tu tiempo para deshacerte de lo que no utilizas. Si no lo usas, no lo echarás de menos cuando desaparezca.

Dona todos los objetos que no quieras para desgravarlos, organiza una venta de garaje o véndelos en eBay. Si tienes que conseguir dinero para una unidad de almacenamiento para todas esas cosas, es hora de eliminar esa deuda.

Preste atención a los ingresos potenciales. Tal vez tenga una afición desde hace años, pero nunca la ha considerado una fuente de ingresos. Míralo bien ahora. Si te encanta hacer álbumes de recortes, plantéate poner un anuncio en el periódico para enseñar a otros a hacer lo mismo. Al mismo tiempo, crea una página web donde otros puedan apuntarse para aprender tu oficio en línea.

¿Podría tener dinero antiguo esperando a ser reclamado? Quizá se mudó y se olvidó de una antigua cuenta bancaria. Hay muchos sitios gratuitos que ofrecen listas de personas a las que compañías de seguros, bancos y empresas de servicios públicos deben dinero. Pruebe Missing Money y CashUnclaimed.

Pida una oferta. De nuevo ha llegado el momento de comprar un artículo caro. Ya sabe que debe buscar el mejor precio, pero ¿está preparado para pedir una oferta? La próxima vez que se fije en ese anillo de rubíes y esté dispuesto a desembolsar 3.000 euros para comprarlo, deténgase y piense en regatear un poco el precio. No dé por sentado que, por estar en una joyería de lujo, el precio estará grabado en piedra. Pregunte. Preguntar nunca está de más.

Con sentido común y planificación: ¡se puede sobrevivir!

. . .

Armado con las finanzas que necesita para sobrevivir, mire las listas de abajo y ármese, ahora, con todos los suministros que necesitará en una emergencia extrema:

Suministros varios para almacenar

25 libras de jabón para la ropa; 12 botellas de 28 onzas de jabón para la vajilla; 73 rollos de papel higiénico; servilletas sanitarias en cantidad suficiente; 8 galones de lejía (utilizada para el saneamiento, así como para la ropa); 12 pastillas de jabón de manos; 6 botellas de 24 onzas de champú para productos personales, tales como pasta de dientes, desodorante; aceite de motosierra y otros artículos para mantener las cosas en funcionamiento; alimentos para mascotas; alimento para el ganado; 55 galones de queroseno para la iluminación; 25 galones de combustible Coleman u otro combustible para linternas.

Contenido sugerido de un buen botiquín

Un buen libro de primeros auxilios; Termómetro; Medicamentos de prescripción diaria para toda la familia; Antibióticos; Pomadas para los ojos, hongos y cortes Medicamentos antidiarreicos; Medicamentos analgésicos y antiinflamatorios como la aspirina; Tratamiento de quemaduras, como Yodo/Betadina sin quemaduras; Alcohol Electrolitos orales (para la deshidratación por fiebre, diarrea, estrés); Remedios para el resfriado; Medicamentos para la tos; Gotas para la tos/discos para la garganta; Vendas; Gasas; Algodón; Cinta quirúrgica; Tijeras; Hemostáticos; Pinzas; Agujas para extraer astillas; Un kit dental para remendar dentaduras postizas, sustituir empastes, etc.)

Lista de control para emergencias en el hogar

- Alimentos y agua para la familia, los animales domésticos y el ganado durante al menos 14 días; 55 galones de agua fresca para una familia de cuatro personas durante más de siete días.
- Medicamentos diarios para la familia durante 14 días
- Fuente de calor y combustible alternativos
- Combustible alternativo para cocinar
- Fuente de iluminación y combustible alternativos
- Linternas y pilas
- Rádio de transistores, de manivela o solar
- Botiquín médico
- Partidos

- Encendedores de butano
- Encendedor de magnesio, pedernal y acero
- Lista de comprobación para emergencias en vehículos
- Gato y llave de tuercas
- Rueda de repuesto
- Pala
- Cables de arranque de batería
- Kit básico de herramientas
- Fix-A-Flat
- Aceite
- Bomba de aire más ligera
- Galón de agua potable
- Mantas
- Botiquín básico
- Linterna
- Alimentos de emergencia
- Velas con cerillas
- Mapa
- Teléfono móvil o lata de C.B.
- ser un salvavidas

Necesidades de evacuación

Almacenar los alimentos en una nevera grande nº 1

- Patatas instantáneas
- Leche en polvo
- Atún en lata
- Huevos deshidratados
- Fideos secos
- Harina
- Acortando
- TVP
- Sopas secas
- MREs (arroz instantáneo militar)
- comidas; comidas preparadas)
- Judías secas
- Margarina en polvo
- Fruta deshidratada
- Verduras deshidratadas
- Tomate en polvo
- Polvo de hornear
- Sal
- Especias y condimentos
- Pudding mixes
- Harina de maíz
- Café instantáneo, té, mezclas para bebidas
- Azúcar

Nevera grande nº 2

- Sartén
- Olla grande
- Olla más pequeña
- Recipiente de acero para mezclar (puede servir como utensilio de cocina)
- Cerillas y encendedores
- Papel higiénico
- Toallas de papel
- Paño de cocina
- Jabón de fregar
- Velas
- Estropajo para vajilla
- Cuencos para la familia
- Cubiertos para la familia
- Espátula de metal
- Rollo de cinta aislante
- Pequeño rollo de alambre
- Vasos metálicos para la familia
- Filtro de agua pequeño
- Estufas y depósitos de propano
- Linterna y pilas
- Hatchet
- Equipo de dormir (en caja grande de plástico) Sacos de dormir
- Velas y encendedores
- Linterna Coleman
- Galón de combustible para linternas sin abrir
- Sierra de arco

- Calcetines y chaquetas de abrigo
- Lona de plástico 10' x 12
- tienda ligera
- Radio
- Fusil/escopeta y munición (obtención de alimentos, señalización y protección familiar)
- Mochilas personales
- Ropa de abrigo
- Alimentos de emergencia
- Calcetines
- Gorro calcetín
- Equipo básico de pesca sin caña
- Pequeño botiquín de primeros auxilios
- Manta espacial
- Linterna
- Rollo de alambre y cuerda
- Navaja de bolsillo
- Cantina con taza
- Más ligero
- Unos cuantos dólares en monedas y billetes

Conclusión

Las emergencias financieras ocurren. Son un hecho de la vida. Cuando estás preparado para ellas, puedes centrarte en superar los momentos difíciles de tu vida sin tener que lidiar con el estrés añadido de la inseguridad financiera, que en algunos casos puede ser tan drástico que puede llevarte a la quiebra. La quiebra no es una forma fácil de escapar de las deudas que tiene. Es una marca negra en su futuro financiero que tendrá implicaciones a largo plazo durante al menos siete años, si no muchos, en forma de no poder optar a una hipoteca, a determinadas propiedades de alquiler y a diversas oportunidades laborales y profesionales.

Se lo debe a usted mismo, a su familia y a su futuro: revise su plan financiero ahora mismo. Cree un plan para:

* Presupuestar

* Saldar deudas
* Ahorrar para emergencias menores
* Ahorrar para emergencias mayores
* Proteger tus finanzas
* Ahorrar para la jubilación
* Ahorrar para la universidad de los niños

Salda primero tus deudas. Después, empieza a ahorrar.

Utiliza el enfoque de los tres niveles, centrándote en tus objetivos por orden de prioridad. Revisa tu presupuesto y cumple tus obligaciones con tu plan de ahorro, incluso si ello implica hacer algunos sacrificios a corto plazo para obtener beneficios a largo plazo. Programe que el dinero salga de su cuenta con reintegros automáticos.

Utiliza sólo tarjetas bancarias o de crédito (preferiblemente una sola sólo para emergencias) que te ofrezcan una TAE baja y/o devoluciones en efectivo.

Estos sencillos pasos, junto con algo de tiempo y esfuerzo, le permitirán iniciar el camino hacia un fondo de emergencia sólido y un futuro financiero más estable. Empiece hoy mismo y, en sólo unas semanas, se sorprenderá de lo mucho que ha conseguido ahorrar.

Acepte un segundo empleo, trabaje como autónomo,

inicie su propio negocio desde casa y vea cómo sus ahorros crecen aún más rápidamente.

Esperamos que esta guía te encamine hacia la creación de un fondo de emergencia sólido y que nunca tengas que utilizarlo.

En caso de tener que hacerlo, al menos sabrá que, sea cual sea el desastre que le sobrevenga, siempre puede ser peor: es posible que no tenga ningún fondo de emergencia que le ayude a afrontarlo.

Si está viviendo al día y no piensa realmente en el futuro, recuerde que no es cuestión de SI ocurrirá una emergencia, sino de CUÁNDO. Ármese con los conocimientos de este informe especial y actúe HOY para tener un futuro financiero más seguro mañana.

www.ingramcontent.com/pod-product-compliance
Lightning Source LLC
Chambersburg PA
CBHW071235210326
41597CB00016B/2070